QUWEI KEXUEGUAN

走进信息化时代

趣味科学馆丛书

图文并茂
热门主题
创意新颖　　刘芳 主编

U0684131

ARTTIME
时代出版
时代出版传媒股份有限公司
安徽文艺出版社

图书在版编目（CIP）数据

走进信息化时代 / 刘芳主编. — 合肥：安徽文艺
出版社，2012.2（2024.1 重印）
（时代馆书系·趣味科学馆丛书）
ISBN 978-7-5396-3926-0

Ⅰ．①走… Ⅱ．①刘… Ⅲ．①信息化社会－青年读物
②信息化社会－少年读物 Ⅳ．①G201-49

中国版本图书馆 CIP 数据核字(2011)第 217296 号

走进信息化时代
ZOUJIN XINXIHUA SHIDAI

···

出 版 人：朱寒冬
责任编辑：欧子布　　　　　　装帧设计：三棵树　文艺

···

出版发行：安徽文艺出版社　　www.awpub.com
地　　址：合肥市翡翠路 1118 号　邮政编码：230071
营 销 部：(0551)3533889
印　　制：唐山富达印务有限公司　电话：(022)69381830

···

开本：700×1000　1/16　　印张：11　　字数：163 千字
版次：2012 年 2 月第 1 版
印次：2024 年 1 月第 2 次印刷
定价：48.00 元

···

前　言
PREFACE

　　当进入 20 世纪 50 年代末，计算机的出现和逐步普及，把信息对整个社会的影响逐步提高到一种绝对重要的地位。信息量、信息传播的速度、信息处理的速度以及应用信息的程度等都以几何级数的方式在增长，人类迈进了信息时代。信息产业化已经成为历史潮流，发达国家的产业结构正在实现制造经济向信息经济的转化，从而引起经济结构的调整和革命，当前世界正在经历一场革命性的变化，世界各国正在由规模经济向非规模经济和聚合经济过渡，从而使受规模经济观念束缚的工业化国家和企业从信息和信息经济中获得了活力。

　　信息技术的发展对人们学习知识、掌握知识、运用知识提出了新的挑战。由于计算机技术和网络技术的应用，人们的学习速度在不断加快，也就是说从数字处理时代到微机时代，到现在的网络化时代，学习速度越来越快，这要求我们的管理模式也要适应新的特点和新的模式。由于信息时代变化加快，信息量递增，知识爆炸，复杂性增加，还有所谓虚拟组织的出现，导致项目大量增加，更需要加强技术管理、知识管理、信息沟通管理，同时还需要一些创新的组织手段和管理手段。

　　如今，正在全球展开的信息和信息技术革命，正以前所未有的方式对社会变革的方向起着决定作用，其结果必定导致信息社会在全球的实现。具体表现为，首先，在生产活动的范围广泛的工作过程中，引入了信息处理技术，从而使这些部门的自动化达到一个新的水平；其次，电讯与计算机系统合而为一，可以在几秒钟内将信息传递到全世界的任何地方，从而使人类活动各方面表现出信息活动的特征；最后，信息和信息机器成了一切活动的积极参与者，甚至参与了人类的知觉活动、概念活动和原动性活动。在此进展中，信息知识正在以系统的方式被应用于变革物质资源，正在替代劳动成为国民生产中"附加值"的源泉。

信息化时代的革命性不仅会改变生产过程，更重要的是它将通过改变社会的通讯和传播结构而催生出一个新时代、新社会。在这个社会中，信息知识成了社会的主要财富，信息知识流成了社会发展的主要动力，信息情报源成了新的权力源。随着信息技术的普及，信息的获取将进一步实现民主化、平等化，这反映在社会政治关系和经济竞争上也许会有新的形式和内容，而胜负则取决于谁享有信息源优势。

今天，人们已经认识到，世界正在迈进信息社会，信息时代的发展趋势已经成为不可逆转的历史潮流而改变着当今世界的面貌和格局。世界各国都认识到只有大力普及信息知识，提高信息技术，发展信息化产业，推进信息化建设，才能在第三次浪潮中立于不败之地。相信您通过阅读本书，一定对信息与信息化以及信息化社会有更多的认识和了解。

Contents

目　录

走进信息化时代

ZOUJIN XINXIHUA SHIDAI

军事与信息化

信息新技术与技术安全

人类社会进入信息化时代

RENLEI SHEHUI JINRU XINXIHUA SHIDAI

信息化时代按照托夫勒的观点，第三次浪潮便是信息革命，从 20 世纪 50 年代中期开始，其代表性象征为"计算机"，主要以信息技术为主体，重点是创造和开发知识。随着农业时代和工业时代的衰落，人类社会正在向信息时代过渡，跨进第三次浪潮文明，其社会形态是由工业社会发展到信息社会。第三次浪潮的信息社会与前两次浪潮的农业社会和工业社会最大的区别，就是不再以体能和机械能为主，而是以智能为主。伴随着信息技术的冲击，这种全球性依存关系正在影响和改变着国际政治过程和经济文化关系，并将引导历史向着未曾预料的方向发展。

认识信息

其实，人类一直生活在信息的海洋之中。人们每时每刻都在自觉或不自觉地与信息打交道。那么，究竟什么是信息呢？

一般来说，信息没有一个确定的概念，但有多种多样的形式。它可以是人的感觉器官能感觉到的东西，也可以是人的感觉器官难以直接感觉但确实存在的东西。人们通常所讲的信息，并非指事物本身，而是表征事物或者通过事物发出的消息、情报、指令、数据、信号中所包含的内容。

一切事物都会发出各种各样的信息，由此显示出大千世界的五彩缤纷、千差万别。例如，图像就是一种信息。我们眼睛看到的各种各样变化的东西，都能给我们某些信息。文字资料是信息，从飞机、舰艇上反射回来的电磁波或者超声波也是信息。地震以前，鸡飞狗叫，那是因为这些动物感受到了人们所无法直接感受到的震前信息。天空中的风暴、闪电，地壳中的断层、矿物，宇宙中的天体等，都能给人们带来信息。信息是表示事物特征的一种普遍形式，是物质世界的一个重要方面。信息如同物质、能量、空气、阳光一样，普遍存在于自然界、人类社会和人的认识之中。

通俗地说，通过信号带来的可利用的消息，就是信息。当然，也可以把信息理解为事物的存在方式和运动状态。不同的事物有不同的存在方式和运动状态、运动规律，于是就构成了各种事物的特征，即这些事物各自发出的不同信息。

信息是人类社会的重要资源

在当今社会中，信息已成为一种资源——信息资源。信息资源和土地、森林、矿产、原材料、能源等物质资源一样，是人类极其宝贵的财富，是推动人类社会发展的重要源泉。信息的影响常常十分巨大，一条有价值的商业信息可以帮助商人获得巨额利润，一条准确的气象预报可以使人民的生命财产免遭重大损失，一则确切的股市分析信息可以使人一夜之间成为富翁。

和物资资源相比，信息资源有它极为特殊的重要性。这些重要性是由它自身的特点所决定的。那么信息资源有哪些特点呢？概括地说，它有五大特点：

一、信息资源可以反复使用，价值不会损失。

二、信息资源的总量增长往往是"爆炸式增长"。例如，20 世纪 60 年代信息总量为 72 万亿字符，到 80 年代信息总量为 500 万亿字符，到 1995 年，信息总量已达到 1985 年时的 2400 倍。而到了 2007 年，全球信息总量大约为 1610 亿 GB，预计到了 2010 年，全球的信息总量将增加到 9880 亿 GB 以上。

三、信息资源传播速度可以很快，甚至可以以光的速度传播。

四、信息资源没有国界，它可以通过各种传播媒介传向四面八方。在因特网快速发展的今天，信息的传播范围更为广大。

五、信息资源具有时效性。例如，天气预报过了某一段时间就失去了意义；战时的空袭预报一过时间，就没有一点价值了。

另外，信息资源还是一个重要的战略性资源，在军事、外交和政治等领域的地位与应用价值日益提高，信息资源及信息化的各种装备已经成为一个国家综合国力的重要体现。

信息与人类的关系

自有人类社会以来，信息就对人们的生活、工作起着举足轻重的作用。例如，远古时代人们遇到猛兽，就通过各种形式把这个信息传播出去，减少受害的可能性。在现代社会，信息的作用更是难以估量，它的传播方式也是多种多样。例如你和好朋友在一起，当你遇到了某一件事情，他对你挤挤眼或摇摇头，你就会从中得到你所需要的信息。当然，你也可以通过越洋电话或计算机网络和远在国外的朋友交流信息。总之，信息在现代社会中处处皆是，你生活、工作在信息的包围之中，你只是通过各种手段和方式获得自己所需要的信息。从这个意义上讲，信息不等于数据，数据只是信息的载体，信息不随载荷的物理设备形式的改变而改变。

基于网络平台的信息交流方式

医生为病人看病，先了解病史、病情，再把脉、测量体温，有时还看心电图、X 光片、化验报告等。医生从这些口述、文字及图像资料中获得对患者治疗有用的信息。

气象工程师利用各种仪器记录风向、风速、降雨量、温度、湿度等大批数据，再绘制出气象云图，从而获得气象信息。

人利用眼、耳、鼻等器官感知文字、图形、图像、动画、声音和气味等的存在和变化，并从中获取信息。

　　总之，现代社会信息种类繁多，信息量极大。人们通过各种方式获得大量原始信息，再对它们进行整理、精选，或用计算机对它们进行处理，以获得有用的信息。

什么是信息技术

　　所谓信息技术，主要指的是信息的产生、获取、存储、传递、处理、显示和使用等技术。它主要包括微电子技术、光子技术、光电子技术、计算机技术、通信技术、辐射成像技术等。

　　微电子技术是指以半导体集成电路为核心的技术。半导体集成电路在30多年的时间内，经历了小规模、中规模、大规模、超大规模时期。世界各国都把微电子技术发展的水平作为一个国家现代化程度的重要标志。通常，大规模集成电路发展的水平以动态随机存储器和静态随机存储器的集成度（每个集成电路封装的元件数）为标志。从20世纪70年代1K位成功，至90年代64M位问世，期间经历了8代变革，集成度提高了64000倍。其中，砷化镓（GaAs）集成电路获得更大的发展。在集成电路发展中，光刻技术在微细加工技术中是最核心的一种工艺技术。其中，同步辐射X射线曝光技术是一种最有希望的光刻技术。微电子技术将进一步发展为纳米电子技术。

　　进入21世纪，光子技术与光电子技术逐渐成为信息技术的支柱。光子技术主要指对光子流进行的控制技术，主要包括光的产生、传输、调制、开关、放大和转换等技术。光子作为信息载体具有很多优点和特点，如激光二极管的问世，使光子能够代替电子。光子器件及其系统的响应速度远比电子的高，加之承载信息的光子又具有可大规模互联和并行传输与处理的能力等，光子技术已遍及许多领域：光子发生与控制的激光技术与系统，如各种激光器与系统；光子及其承载信息传输的导波技术与系统，如光纤光波导；光子探测和分析的光学检测技术与系统，如光谱分析技术、遥感技术；光子承载信息及加工的光学信息处理与通信系统以及微光子技术，如光集成。在21世纪里，微电子技术、微光子技术及其结合的微光电子技术将成为信息技术的三大支柱。

计算机技术是信息技术中最核心的技术，主要是进行信息处理或加工，部分地代替人脑的功能，可以说是人类大脑的延伸。现代计算机是一种自动进行程序处理的通用工具。它的处理对象是信息，处理结果也是信息。利用计算机解决科学计算、工程设计等各种问题的方法都是按照一定的算法进行的，而这种算法是定义精确的一系列规则，它指出怎样以给定的输入信息经过有限的步骤产生所需要的输出信息。算法的特殊表示称为程序。信息处理的一般过程是使用者针对待解决的问题事先编制程序，再存入计算机内，然后利用存储程序指挥、控制计算机自动地进行各种基本操作，直到得出预期的结果。计算机能够自动工作的基础在于这种存储程序方式，其通用性的基础则在于利用计算机进行信息处理的共性方法。

在近半个世纪里，计算机技术一直在高速发展，已由硬件、软件和固件组成了计算机系统。由于集成电路的集成度的迅速发展，所以各类计算机的性能也得到了迅速提高。而新一代计算机是将信息采集、存储、处理、通信、人工智能结合在一起的智能计算机系统，既能处理一般信息，又能进行知识处理，并具有形式化推理、联想、学习、解释的能力，将有助于人类开拓未知的领域并获得新的知识。

在 21 世纪里，计算机技术将得到迅速发展。首先，超级计算机在并行处理技术的基础上会得到充分发展，

世界上第一台计算机

特别是大规模并行处理（MPP）计算机。多媒体技术作为一种新技术进入计算机系统，大大拓宽了计算机的应用范围，它是把文字、数据、图形、图像和声音等信息媒体作为一个集成体由计算机来处理，这样就把计算机带入了

一个声、文、图集成的广泛的应用领域。在电子计算机飞速发展的同时，光学计算机将有广阔的前景，它基于半导体光子学技术的发展，形成光子集成系统，再融合电子集成系统，最后形成光电子集成系统。可以预计，光学计算机的运算速度会比超级计算机快 1000 ~ 10000 倍。接着，人们还将继续发展生物计算机——分子计算机、神经计算机。

信息论与信息产业

信息论

作为广义的系统论中的一部分，信息论最初是一门比较实用的科学，它是在研究通讯过程中的信息传输问题上发展起来的。

信息论的创始人申农，是美国贝尔电话研究所的数学家。早在 1940 年，申农就开始研究通讯中的信息传递问题。当时的中心问题是信息源发出消息后，怎样通过信息传递渠道到达信息接收器的问题。围绕此问题，在 1948 年，申农发表了《通讯的数学基础》一文，它正式奠定了现代信息论的基础。

申农第一次从理论上阐明了通讯的基本问题是信息传递问题，并提出了通讯系统的模型。他还创立了度量信息量的数学公式，并初步解决了如何从信息接收端提取信息源发来的消息的技术问题。申农还研究了如何充分利用信息传输道的信息容量，如何在有限的信息传输道中以最大的速率传递最大的信息量的基本途径。同时，他还初步解决了如何编、译才能使信息源的信息充分表达，信息传输的容量被充分利用的问题。

申农创立信息论后，又与魏沃尔合作写了《信息论》一书。魏沃尔把通讯问题分成三个方面：（1）技术问题，就是解决如何精确地传送通信符号。（2）语义问题，就是解决如何使传送的符号精确地表达语义。（3）有效性问题，就是解决怎样使收信者收到语义，按需要的方式有效地发挥作用。他认为申农的工作属于技术问题，并没有解决后两个问题。实际上，信息的传递几乎存在于一切过程中。从此，信息论被各个学科领域所引进并应用。

信息产业

我们知道，信息、物质、能量是人类赖以生存和发展所不可缺少的三项基本资源，尤其是当今，随着科学技术的飞速发展，人类社会已经进入到信息化社会，信息已经成为现代社会的重要组成部分，是国民经济的重要支柱，对信息资源的开发和利用在很多国家已经成为一种产业——信息产业，并成为国民经济的一个重要增长点。

信息产业最初是随着计算机的开发利用，促进信息的生产、流通与应用向产业方面发展而出现的。最早人们把计算机产业、信息处理产业和信息媒介产业合称为信息产业，后来有人把信息传播报道业、信息流通业、知识产业等也归到信息产业内。一般认为，信息产业主要包括以下几部分：

1. 计算机产业。从 20 世纪 40 年代电子管计算机的诞生，到今天超大规模集成电路计算机的问世，独立的计算机产业体系已经形成，并在国民经济中占重要地位。

2. 软件产业。一般是指为有效地利用计算机而编制程序的产业，如程序编制业、数据库业、信息系统开发业等。

3. 信息传播媒介业（即通信产业）。包括电话产业、电报产业、广播及电视产业、数字通信业、光纤通信业、卫星通信业等。

4. 信息服务业。包括新闻报道采访业、出版业、咨询业、情报业等等。

当社会发展到现阶段，特别是在计算机得到普及和广泛应用、通信技术得到飞速发展时，计算机与通信技术相互渗透，形成了计算机网络的大发展，进一步推动了信息产业的突飞猛进，并使之成为国民经济的重要支柱产业。

知识点

信息产业的核心作用

信息产业是推进国家信息化、促进国民经济增长方式转变的核心产业。这一作用体现在 3 个方面：（1）通信网络和信息技术装备是国家信息化的物质基础和主要动力。（2）信息技术的普及和信息产品的广泛应用，将推动社会生产、生活方式的转型。（3）信息产业的发展大量降低物资消耗和交易成本，对实现我国经济增长方式向节约资源、保护环境、促进可持续发展的内涵集约型方式转变具有重要推动作用。

信息革命

人类文明发展史，悠久而漫长，到现在为止，它已经经历了四次信息革命，正处于第五次信息革命浪潮中。

第一次信息革命是建立了语言。这是人类进化和文明发展的一个重要里程碑。语言的出现促进了人类思维能力的提高，并为人们相互交流思想、传递信息提供了有效的工具。

第二次信息革命是创造了文字。使用文字作为信息的载体，可以使知识、经验长期得到保存，并使信息的交流开始能够克服时间、空间的障碍，可以长距离地或隔代地传递信息。

第三次信息革命是发明了印刷术，产生了书刊报纸。这极大地促进了信息的共享和文化的普及。

第四次信息革命是出现了电报、电话、电视等事物。1844 年 5 月 24 日，美国人莫尔斯通过实验线路发出了人类有史以来第一封电报。虽然这封电报的传输距离只有 40 英里，但它标志着第四次信息革命开始了。此后，电信事业得到了飞速发展。电话、广播、电视等信息传播手段的广泛普及，已经使人类的经济和文化生活发生了革命性的变化。

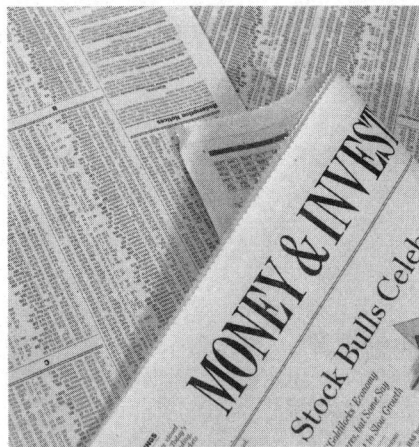

而目前，人类正处在第五次信息革命浪潮中。第五次信息革命的标志是电子计算机的数据处理技术与新一

报　纸

代通信技术的有机结合。国际上把这样的系统称为综合业务数字网或 ISDN。

人类社会的第五次信息革命正在进行中，虽然还有许多技术问题有待突破，但仅从现有的进展来看，它已向世人展现了美妙的前景。

知识点

数字经济

数字经济指一个经济系统，在这个系统中，数字技术被广泛使用并由此带来了整个经济环境和经济活动的根本变化。数字经济也是一个信息和商务活动都数字化的全新的社会政治和经济系统。企业、消费者和政府之间通过网络进行的交易迅速增长。数字经济主要研究生产、分销和销售都依赖数字技术的商品和服务。数字经济的商业模式本身运转良好，因为它创建了一个企业和消费者双赢的环境。

信息的传输

信息与知识

当你和一个朋友交谈时，如果他滔滔不绝地从各个不同角度谈论某一方面的问题，向你提供各方面的情况，提供自己的看法和见解，你就会受到很多启发，并获得有关知识。如果他谈起问题来干巴巴的，没有多少内容，引不起你的兴趣，谈话结束时你就会觉得收获不大。两者如此差别，究其原因，主要在于前者占有的信息量大，后者占有的信息量小的缘故。这也就说明，信息是获得知识的基础之一。当你占有较多信息时，你的知识也就相对比较丰富。

知识是人们对各种自然现象与社会现象的认识的总结，是系统化、规范化、结构化的信息，它以各种方式把单个或多个信息关联在一起。例如，我们获得"燕子低飞"、"蚂蚁搬家"这样两条信息，就得到"天将下雨"这样的判断。

知识产生于人类的实践和思维活动，当人们掌握了大量确切的信息之后，经过实践和思考，知识就会逐渐丰富起来。所以，知识和信息是密切相关的，信息经过人们的实践和思维是可以转变为知识的。

信息共享

在我们身边，常常可以看到各种各样的"公告牌"。我们可以从上边了解到一些信息，而其他人也同样可以获取同一个信息。这就是说，"公告牌"的某一个信息，决不会成为某人获取的专利。也就是说，信息是可以共享的。

随着电子技术的迅猛发展，人们除了依靠报刊、杂志、图书、文件等传递信息以外，还可以借助电话、电报、电视、通信卫星、电视直播卫星、电脑网络等新载体，高效率地传输信息。

自 20 世纪 90 年代开始，人类逐步进入了一个以因特网为代表的崭新世界。因特网作为信息高速公路的先导，将全球亿万台各式各样的电脑，通过统一的技术规范相互连接在一起。

信息高速公路的开通，使人们可以更有效地利用信息，更加充分地共享信息资源。

现在，信息高速公路已"修筑"到世界上 100 多个国家和地区，已有数以亿计的用户与信息高速公路建立了业务联系。信息高速公路上的信息资源十分丰富，其中包括各种软件、数据、杂志、新闻、馆藏目录、技术文献、图片、声音以及活动图像等。用户可以把自己的资料加入进去，供其他用户使用。当然，用户既是信息的提供者，又是信息的消费者。每一用户都能迅速处理、传递信息，又能最大限度地共享信息。

信息传输离不开载体

人类对信息的认识和利用，历史悠久，源远流长。多少年来，许多信息之所以能传播并保存下来，都依靠了某种载体。而从古到今，人类为了便于获取信息或相互交换信息，进行了五次信息变革，而每次信息变革又都产生了各自的"载体"。

第一次信息变革——获得了语言。在原始社会，我们的祖先通过手势、表情和简单的音节，相互间进行信息交流。人类发展到一定阶段以后，光靠手势和表情，已无法达到交流信息的目的，于是产生了语言。语言的产生，使人类获得了交流思想、传递信息的"载体"。

第二次信息变革——创造了文字。生产的发展引起体力劳动和脑力劳动的分工，进而促进了文字的产生。文字是人类超地域、超时间传递和交换信息的一种"载体"。

第三次信息变革——造纸和印刷术的发明。在这以前，信息是用文字记录在甲骨、竹简或兽皮上的，保存和传递都十分不便。我国造纸术的发明，特别是活字印刷术的发明和使用，使人类进入了以印刷品为知识和信息基本来源的新时代，同时使人类获得了又一种信息"载体"。

中国最早的文字——甲骨文

第四次信息变革——电报、电话与电视的应用。为了更多更快地掌握和传递信息，科学家们又开发了一种信息"载体"——电信。电信的开发和应用，进一步拓宽了信息传递的范围和内容——除了文字以外，还能传递声音和图像。

第五次信息变革——数字网络技术的应用。自 20 世纪初至 90 年代，通信的速度提高了 1000 万倍，记录信息的速度提高了 100 万倍。在这种情况下，单凭人类的自然智力来获得和加工信息已无法满足社会发展的要求，于是，电子计算机应运而生了。电子计算机的发明和应用，信息的数字化，极大地提高了信息传输的速度和可靠性。90 年代，因特网的发展为人类认识和利用信息找到了一种新"载体"。因特网和信息高速公路出现后，人们获得信息就更方便了，利用信息的机会就更多了。

综上所述，正是上述这些载体，使人与人之间，甚至国家与国家之间能相互传递、交换信息，并使信息固定下来，代代相传。

信息化社会的定义

信息化社会指以信息技术为基础，以信息产业为支柱，以信息价值的生产为中心，以信息产品为标志的社会。

在农业社会和工业社会中，物质和能源是主要资源，人们所从事的是大规模的物质生产。而在信息社会中，信息成为比物质和能源更为重要的资源，以开发和利用信息资源为目的信息经济活动迅速扩大，逐渐取代工业生产活动而成为国民经济活动的主要内容。

信息经济在国民经济中占据主导地位，并构成社会信息化的物质基础。以计算机、微电子和通信技术为主的信息技术革命是社会信息化的动力源泉。

计算机的网络系统

一般来说，信息化社会主要有以下几个特点：

第一，社会上所有服务行业，如商业、金融、旅游及交通等都处于计算机网络服务之中。计算机网络化面向普通大众，即人人坐到计算机前，都能了解想要了解的来自世界各地的各种信息，得到想要得到的各种服务。例如，你可以通过操作计算机购物、学习等。

第二，人们的日常生活离不开计算机。家中各种电器都已计算机化或纳入计算机控制，你可以在遥远的地方通过电话来控制家中的各种电器，它们甚至还可以为你准备一份美味的晚餐。人们的日常生活也无时无处不受到计算机的制约。

第三，人们可以获得的信息量大幅增长。信息量虽然增多，但由于个人能够用来阅读、考虑和理解信息的时间并未相应增多，因此采用目前的手段显然无法处理这么多的信息。失去控制和无组织的信息在信息社会里不会构成资源，却成为信息工作者的障碍。信息技术的发展，使使用者可以方便地找到所需要的信息。这样，整个信息社会所强调的重点便可从供应转到选择。

第四，"信息丰富"与"信息贫乏"之间的鸿沟正在加宽，社会需要大量有文化、有技术的劳动者，对无技术或半熟练工的需求正在减少。

第五，经济越来越以信息业为基础。从事收集、处理、储存和检索资料的人比受雇于农业和制造业的人还要多。技术的发展已经使得产品的产量有可能按指数级增加，而投入的资本、劳力与能量却要少得多。这标志着经济已摆脱了传统的发展模式。

总之，信息化社会中无处不在的计算机和通信技术，将极大地改变人们的生活方式，给人类的生活和工作方式带来巨大变化。

➡️ 知识点

控制论

控制论是研究动物（包括人类）和机器内部的控制与通信的一般规律的学科，着重于研究过程中的数学关系，是研究动态系统在变的环境条件下如何保持平衡状态或稳定状态的科学。自从 1948 年诺伯特·维纳发表了著名的《控制论——关于在动物和机中控制和通讯的科学》一书以来，控制论的思想和方法已经渗透到了几乎所有的自然科学和社会科学领域。

数据与信息

通俗地说，数据库是存放大量数据的仓库，而信息库是存放大量信息的仓库。数据库和信息库是不一样的。

从概念上讲，数据不等于信息。信息往往用数据来表示，信息要经过处理才成为有一定意义且具有某类形式的数据。例如，气象工程师利用各种仪器记录风向、风速、降雨量、温度、湿度等数据，再绘制成气象云图，从而获得气象信息，由此作出晴或多云等天气预报。数据是表示信息的，在计算机中信息是一组数字、字母或符号，计算机可以对它进行加工处理。

从组织形式看，数据库和信息库也有着各自不同的特点。

首先，数据库中存储的数据要求尽可能没有重复。例如：银行在办理存款、贷款等业务时，需要在文件上保存客户的姓名和地址。假定每个部门都有一个客户文件，那么这个客户的姓名和地址就要被存储三次。如果这个客户迁居到其他地方，那么就要在三个文件中修改这个客户的地址。若建立了客户数据库，此时客户的姓名和地址仅需存储一次，修改时也只需要改一次。所以，用数据库方法能够减少数据的重复存储。但信息库中的大量信息却是可以有部分重复的。

其次，数据库中数据的存放是独立的，用户操作启动应用程序时不必知道数据存放在什么地方和怎样存放，这些事都由计算机系统自动完成。这样，用户就能集中精力设计出好的应用程序。而对于存放在信息库中的信息，用户使用时必须清楚地了解存放信息的每一种设备放在哪里，随后才能存取。

再次，存储数据的数据库必须有一定格式，而存储在信息库中的信息无需格式，只注重于存储信息的各种设备，如胶卷、图片、磁盘、光盘等等。只要保证这些设备完好无损，就能保证信息的真实可靠。

数据压缩技术

数据压缩技术，就是用最少的数码来表示信号的技术。在现今的电子信息技术领域，正发生着一场有长远影响的数字化革命。由于数字化的多媒体信息尤其是数字视频、音频信号的数据量特别庞大，如果不对其进行有效的压缩就难以得到实际的应用。因此，数据压缩技术已成为当今数字通信、广播、存储和多媒体娱乐中的一项关键的共性技术。

信息革命的意义

人类历史上几次科学技术的大变革都引发了产业结构的变革，从而使人们的工作方式和分工随之发生变化。比如，农业技术革命使女人采果男人狩猎变成了男耕女织；近代工业革命，促使了产业工人的出现。现代信息产业的发展，同样将影响人类的职业结构。对于这种影响，有人悲观有人乐观。

悲观主义者认为，信息技术将排挤就业。早在20世纪80年代中期，美国《新闻周刊》就估计，1980年美国就业人数占总劳动力的28%，而到2000年，降至11%，到2030年更降至3%。许多传统职业正在消失或萎缩，比如挤牛奶、打铁等等，而信息革命带来的新工作和职业，却远远少于减少的就业人数。例如：1977年美国劳工部《职业名称辞典》同今天对照，竟发现已有约3500个职业不见了，而新增的只有2100个职业。进一步讲，新增的职业往往对知识的要求相对更高，很难完全吸纳从旧行业退下来的失业者。20世纪90年代初，英国政府为提高印刷行业的质量和效率，准备大力推广新型的电子印刷设备，结果工会组织大规模游行示威，经过拉锯式谈判，工人战胜了新机器。一时的风波虽然平息了，但以后怎么办？面对迟早来临的失业危机，普通工人们并不能总是这么幸运。

乐观主义者认为，信息革命的影响是利大于弊。首先，影响是渐进的，不会突发性地造成大量职业消失。从三大部门看，农业自动化从技术上看不太遥远，但农业的就业弹性也大；工业受了自动化技术较大的影响；在第三产业中，自动化刚刚起步，要相当长一段时间后才会影响广泛，而发达国家中恰恰第三产业是就业人数最多、发展最快的部门，所以只要信息革命不涤荡第三产业，悲观者所估计的大规模失业就不会出现。第二，信息技术将形成的新行业、新产业其带动能力比老产业强，所以虽然职业名称少了，社会总就业量却扩大了。

信息技术的渗透，导致了人们职业取向的转变。专家们曾预计，信息服务业将会是未来最大的产业。目前，美国的全部就业者中，已经有55%以上从事信息工作，超过了矿山、农业和制造业的就业总和。随着社会的发展，总是该有些职业要消亡、有些又必然新生的，这是社会新陈代谢的普遍规律。

产业结构调整

产业结构调整包括产业结构合理化和高级化两个方面。产业结构合理化是指各产业之间相互协调，有较强的产业结构转换能力和良好的适应性，能适应市场需求变化，并带来最佳效益的产业结构，具体表现为产业之间的数量比例关系、经济技术联系和相互作用关系趋向协调平衡的过程；产业结构高级化，又称为产业结构升级。是指产业结构系统从较低级形式向较高级形式的转化过程。产业结构的高级化一般遵循产业结构演变规律，由低级到高级演进。

计算机网络
JISUANJI WANGLUO

关于计算机网络的最简单定义是：一些相互连接的、以共享资源为目的的、自治的计算机的集合。最简单的计算机网络就是只有两台计算机和连接它们的一条链路，即两个节点和一条链路。因为没有第三台计算机，因此不存在交换的问题。最庞大的计算机网络就是因特网。它由非常多的计算机网络通过许多路由器互联而成。因此因特网也称为"网络的网络"。从网络媒介的角度来看，计算机网络可以看做是由多台计算机通过特定的设备与软件连接起来的一种新的传播媒介。如今，网络已经越来越强烈地介入到我们的生活中，使人类的生产和生活方式不断地发生着改变，使人类的思想观念不断地在更新，使人类的社会文明不断地在进步。

计算机进化史

早在公元前 5 世纪，中国人就发明了算盘，并将其广泛应用于商业贸易中。算盘也被认为是最早的计算工具，一直使用至今。

计算设备有了第二次重要的进步是在 17 世纪。1642 年，法国人 Blaise M Pascal 发明了自动进位加法器，称为 Pascalene。1694 年，德国数学家 Gottfried

算 盘

Wilhemvon Leibniz 改进了 Pascaline，使之可以计算乘法。后来，法国人 Charles Xavier Thomas De Colmar 发明了可以进行四则运算的计算器。

现代计算机的真正起源来自英国数学教授 Charles Babbage。Charles Babbage 发现通常的计算设备中有许多错误，在剑桥学习时，他认为可以利用蒸汽机进行运算。起先他设计差分机用于计算导航表，后来，他发现差分机只是专门用途的机器，于是放弃了原来的研究，开始设计包含现代计算机基本组成部分的分析机。

Babbage 的蒸汽动力计算机虽然最终没有完成，以今天的标准看也是非常原始的，然而，它勾画出现代通用计算机的基本功能部分，在概念上是一个突破。

在接下来的若干年中，许多工程师在另一些方面取得了重要的进步。美国人 Herman Hollerith（1860～1929），根据提花织布机的原理发明了穿孔片计算机，并带入商业领域建立公司。

到目前为止，计算机的发展共经历了四个时代。

第一代电子管计算机（1945～1956）

在第二次世界大战中，美国政府寻求计算机以开发潜在的战略价值。这促进了计算机的研究与发展。1944 年霍华德·艾肯（1900～1973）研制出全电子计算器，为美国海军绘制弹道图。这台简称 Mark Ⅰ 的机器有半个足球场大，内含 500 英里的电线，使用电磁信号来移动机械部件，速度很慢（3～5 秒一次计算）并且适应性很差，只用于专门领域，但是，它既可以执行基本算术运算也可以运算复杂的等式。

40 年代中期，冯·诺依曼（1903～1957）参加了宾夕法尼亚大学的小组，1945 年设计电子离散可变自动计算机 EDVAC（Electronic Discrete Variable

Automatic Computer），将程序和数据以相同的格式一起储存在存储器中。这使得计算机可以在任意点暂停或继续工作，机器结构的关键部分是中央处理器，它使计算机所有功能通过单一的资源统一起来。

1946 年 2 月 14 日，标志现代计算机诞生的 ENIAC（The Electronic Numerical Integrator And Computer）在费城公之于世。ENIAC 代表了计算机发展史上的里程碑，它通过不同部分之间的重新接线编程，还拥有并行计算能力。ENIAC 由美国政府和宾夕法尼亚大学合作开发，

世界上第一台大型计算机 ENIAC

使用了 18000 个电子管，70000 个电阻器，有 500 万个焊接点，耗电 160 千瓦，其运算速度比 Mark Ⅰ 快 1000 倍，ENIAC 是第一台普通用途计算机。

第二代晶体管计算机（1957~1964）

1948 年，晶体管的发明代替了体积庞大电子管，各种电子设备的体积不断减小。1956 年，晶体管在计算机中使用，晶体管和磁芯存储器导致了第二代计算机的产生。第二代计算机体积小、速度快、功耗低、性能更稳定。1960 年，出现了一些成功地用在商业领域、大学和政府部门的第二代计算机。第二代计算机用晶体管代替电子管，还有现代计算机的一些部件：打印机、磁带、磁盘、内存、操作系统等。计算机中存储的程序使得计算机有很好的适应性，可以更有效地用于

第二代晶体管计算机

商业用途。在这一时期出现了更高级的 COBOL 和 FORTRAN 等语言，使计算机编程更容易。新的职业（程序员、分析员和计算机系统专家）和整个软件产业由此诞生。

第三代集成电路计算机 (1965～1972)

1958 年美国德州的工程师 Jack Kilby 发明了集成电路（IC），将三种电子元件结合到一片小小的硅片上。更多的元件集成到单一的半导体芯片上，计算机变得更小，功耗更低，速度更快。这一时期的发展还包括使用了操作系统，使得计算机在中心程序的控制协调下可以同时运行许多不同的程序。

第三代集成电路计算机

从 1960 年到 1964 年，由于在计算机中采用了比电子管更先进的晶体管，所以我们将这段时期称为"晶体管计算机时代"。晶体管比电子管小得多，不需要暖机时间，消耗能量较少，处理更迅速、更可靠。第三代计算机的程序语言从机器语言发展到汇编语言。接着，高级语言 FORTRAN 语言和 COBOL 语言相继开发出来并被广泛使用。这时，开始使用磁盘和磁带作为辅助存储器。第二代计算机的体积和价格都下降了，使用的人也多起来了，计算机工业迅速发展。第三代计算机主要用于商业、大学教学和政府机关。

从 1965 年到 1970 年，集成电路被应用到计算机中来，因此这段时期被称为"中小规模集成电路计算机时代"。集成电路（Integrated Circuit，简称 IC）是做在晶片上的一个完整的电子电路，这个晶片比手指甲还小，却包含了几千个晶体管元件。第三代计算机的特点是体积更小、价格更低、可靠性更高、计算速度更快。第三代计算机的代表是 IBM 公司花了 50 亿美元开发的 IBM 360 系列。

第四代大规模集成电路计算机（1972～现在）

大规模集成电路（LSI）可以在一个芯片上容纳几百个元件。到了80年代，超大规模集成电路（VLSI）在芯片上容纳了几十万个元件，后来的（ULSI）将数字扩充到百万级。可以在硬币大小的芯片上容纳如此数量的元件，使得计算机的体积和价格不断下降，而功能和可靠性不断增强。70年代中期，计算机制造商开始将计算机带给普通消费者，这时的小型机带有友好界面的软件包，供非专业人员使用的程序和最受欢迎的文字处理和电子表格程序。

1981年，IBM推出个人计算机（PC）用于家庭、办公室和学校。80年代个人计算机的竞争使得价格不断下跌，微机的拥有量不断增加，计算机继续缩小体积。与IBM PC竞争的Apple Macintosh系列于1984年推出，Macintosh提供了友好的图形界面，用户可以用鼠标方便地操作。

从1971年到现在，被称之为"大规模集成电路计算机时代"。第四代计算机使用的元件依然是集成电路，不过，这种集成电路已经大大改善，它包含着几十万到上百万个晶体管，人们称之为大规模

第四代个人用电脑

集成电路（Large Scale lntegrated Circuit，简称LSI）和超大规模集成电路（Very Large Scale lntegrated Circuit，简称VLSI）。

个人计算机PC（PersonaI Computer）的出现，标志着人们对计算机不再陌生，计算机开始深入到人类生活的各个方面。

集成电路

集成电路是一种微型电子器件或部件。采用一定的工艺，把一个电路中所需的晶体管、二极管、电阻、电容和电感等元件及布线互连一起，制作在一小块或几小块半导体晶片或介质基片上，然后封装在一个管壳内，成为具有所需电路功能的微型结构；其中所有元件在结构上已组成一个整体，使电子元件向着微小型化、低功耗和高可靠性方面迈进了一大步。

个人电脑的发展

个人电脑，英文全称为 Personal Computer。早期的电子计算机都是庞然大物，种种原因使它们无法进入家庭。微处理器的产生，使体积小、售价低廉的微型机得到发展，个人使用计算机才由梦想变成了现实。

1981 年，当时的微处理器系列产品已发展到包括 16 位的 8086 和 8 位的 8088 微处理器的大家族，这两种芯片的功能在当时看来如此完美，以至于仅在一年之中，在它的基础上，就有了 2500 例的计算机设计。IBM（美国国际商用机器公司）设计了第一台个人电脑。

当时，IBM 决定选用 INTEI8088 处理器作为其第一代个人电脑的神经中枢，IBM 的决定后来给英特尔带来了巨大成功。作为 IBM 该项目工作的销售工程师回忆道：当时，年生产 10000 台已相当可观，没人能设想 PC 产业会发展成现在这样的规模——年产几千万台的生产。

IBM 堪称是早期个人电脑的航空母舰，现在计算机业的两大巨头微软和英特尔都是搭载着它起家的。

1982 年，英特尔公司推出了 286 芯片。由于安装了 134000 个晶体管，它的性能是当时的 16 位微处理器性能的 3 倍。以单片存储器管理为特征的 286，是第一代能与其先前产品的软件兼容的微处理器。这个革命的芯片开始时是用于 IBM 的 PC - AT 型号上的。

1991 年，以 1486TM 微处理器为基础的个人电脑问世，其性能与价格比在当时看来，已经是了不得的好事。

后来，随着大批量高能奔腾处理器的上市，微处理器的性能得到进一步提高，而价格反而进一步降低。正如摩尔先生指出的那样，"如果汽车工业能像半导体工业那样迅速地发展，一辆劳斯莱斯耗去每加仑油就该行驶 50 万英里。如果是那样的话，弃车将比把车放在停车场更合算。"

第一代个人电脑引发了一场计算机革命，现如今，个人电脑已经进入了寻常百姓家，全世界正在使用中的个人电脑达到 10 亿台。个人电脑变得越来越好用，一个能使用装有双核处理器的个人电脑的小孩也可以拥有强大的计算能力，完全可以超过十年前一名主机操作员所能达到的计算能力，甚至超过了美国首次将人送上月球所使用的计算机的能力。

个人电脑使计算机在世界范围内得以普及，现在，

个人家用电脑

很多人相信技术、修养的高低将决定未来几代人的生存。人们的生计将取决于他们通过个人电脑收集、处理和散发信息的能力。个人电脑作为交流设备的最佳选择，它正在崛起的地位将给现代生活带来革命。微处理器发明人霍夫说："信息就是力量。我喜欢微处理器将这种力量到处传播的方式。"

知识点

电子逻辑元件

电子逻辑元件用电子信号控制的可进行逻辑运算的半导体开关元件，又称门电路。它是以反相器、触发器、振荡器和各种 RC、RL 等基本半导体电路为基础发展起来的新型自动化元件。在自动控制系统中利用电子逻辑元件

能实现控制信号的逻辑组合、变换、延迟、存储、计数等功能。电子逻辑元件的优点是开关动作时间短、体积小、重量轻、组合灵活、寿命长和无可动部件等。它是自动化技术中不可缺少的基本元件。

计算机的程序

计算机软件是指计算机系统中的程序及其文档。程序是计算任务的处理对象和处理规则的描述；文档是为了便于了解程序所需的阐明性资料。程序必须装入机器内部才能工作，文档一般是给人看的，不一定装入机器。

软件是用户与硬件之间的接口界面。用户主要是通过软件与计算机进行交流。软件是计算机系统设计的重要依据。为了方便用户，为了使计算机系统具有较高的总体效用，在设计计算机系统时，必须通盘考虑软件与硬件的结合，以及用户的要求和软件的要求。

计算机软件总体分为系统软件和应用软件两大类：

系统软件是各类操作系统，如 Windows、Linux、UNIX 等，还包括操作系统的补丁程序及硬件驱动程序，都是系统软件类。

应用软件可以细分的种类就更多了，如工具软件、游戏软件、管理软件等都属于应用软件类。

计算机软件都是用各种程序设计语言编写的。最底层的叫机器语言，它由一些 0 和 1 组成，可以被某种电脑直接理解，但人就很难理解。上面一层叫汇编语言，它只能由某种电脑的汇编器软件翻译成机器语言程序，才能执行。人能够勉强理解汇编语言。人常用的计算机语言是更上一层的高级语言，比如 C 语言、Java 语言等。这些语言编写的程序一般都能在多种电脑上运行，但必须先由一个叫做编译器或者是解释器的软件将高级语言程序翻译成特定的机器语言程序。

没有软件的计算机，也叫"裸机"，可以说是废铁一堆。计算机软件是计算机的灵魂，是计算机应用的关键。如果没有适应不同需要的计算机软件，人们就不可能将计算机广泛地应用于人类社会的生产、生活、科研、教育等几乎所有领域，计算机也只能是一具没有灵魂的躯壳。目前。以信息技术、信息产业为代表的高科技日益引起人们的关注，成为新的经济增长点。计算机软件技术作为信息技术的基础之一，已成为信息产业的主要组成部分。

操作系统英文名称为 Operating System，简称 OS，是管理电脑硬件与软件资源的程序，同时也是计算机系统的内核与基石。

操作系统负责管理与配置内存、决定系统资源供需的优先次序、控制输入与输出设备、操作网络与管理文件系统等基本事务。操作系统是管理计算机系统的全部硬件资源包括软件资源及数据资源；控制程序运行；改善人机界面；为其他应用软件提供支持等，使计算机系统所有资源最大限度地发挥作用，为用户提供方便的、有效的、友善的服务界面。

操作系统是一个庞大的管理控制程序，大致包括五个方面的管理功能：进程与处理机管理、作业管理、存储管理、设备管理、文件管理。

目前微机上常见的操作系统有 DOS、UNIX、LINUX、Windows 等。但所有的操作系统具有并发性、共享性、虚拟性和不确定性四个基本特征。

操作系统理论在计算机科学中为历史悠久而又活跃的分支，而操作系统的设计与实现则是软件工业的基础与内核。

人工智能计算机

人工智能型计算机能理解人的语言、文字和图形，人无需编写程序，依靠讲话就能对计算机下达命令，驱使它工作。它能将一种知识信息和与之相关联的其它知识信息连贯起来，作为对某一知识领域具有渊博知识的专家系统，成为人们从事各方面工作的得力助手和参谋。第五代计算机还是能"思考"的计算机，能帮助人们进行推理和判断，具有逻辑思维能力。它在理论和工艺技术上看与现在的计算机也有根本不同，它能提供更为先进的功能，以摆脱传统计算机的技术限制，为人类进入信息化社会提供一种强有力的、不可替代的工具。

1981 年 10 月，日本首先向世界宣告开始研制第五代计算机，并于 1982

年4月制订为期10年的"第五代计算机技术开发计划",总投资为1000亿日元,目前已顺利完成第五代计算机第一阶段规定的任务。

第五代计算机基本结构通常由问题求解与推理、知识库管理和智能化人机接口三个基本子系统组成。

问题求解与推理子系统相当于传统计算机中的中央处理器。与该子系统打交道的程序语言称为核心语言,国际上都以逻辑型语言或函数型语言为基础进行这方面的研究,它是构成第五代计算机系统结构和各种超级软件的基础。

知识库管理子系统相当于传统计算机主存储器、虚拟存储器和文体系统结合。与该子系统打交道的程序语言称为高级查询语言,用于知识的表达、存储、获取和更新等。这个子系统的通用知识库软件是第五代计算机系统基本软件的核心。通用知识库包含有:日用词法、语法、语言字典和基本字库常识的一般知识库;用于描述系统本身技术规范的系统知识库以及把某一应用领域,如超大规模集成电路设计的技术知识集中在一起的应用知识库。

智能化人机接口子系统是使人能通过说话、文字、图形和图像等与计算机对话,用人类习惯的各种可能方式交流信息。这里,自然语言是最高级的用户语言,它使非专业人员操作计算机,并为从中获取所需的知识信息提供可能。

现在,计算机、网络和通信技术已经三位一体化,未来的计算机将把人从重复、枯燥的信息处理中解脱出来,从而改变我们的工作、生活和学习方式,给人类和社会拓展了更大的生存和发展空间。第五代计算机是为适应未来社会信息化的要求而提出的,与前四代计算机有着本质的区别,是计算机发展史上的一次重要变革。

知识点

机器语言

机器语言是直接用二进制代码指令表达的计算机语言,指令是用0和1组成的一串代码,它们有一定的位数,并分成若干段,各段的编码表示不同的含义，例如某台计算机字长为 16 位，即有 16 个二进制数组成一条指令或其他信息。16 个 0 和 1 可组成各种排列组合，通过线路变成电子信号，让计算机执行各种不同的操作指令。

"神经"计算机

许多年以来，人们把电子计算机称之为电脑，其实是名不副实的。尽管当今电子计算机已具有惊人的计算速度和存储信息的能力，但论其"智力"，与人脑相比它却是一个毫不含糊的"傻瓜"。一个五岁的孩子就能辨认周围每个不同人的面孔，对于穿越马路这样的事也能很快做出判断，避免与来往车辆相撞。然而，这些事情如果让电子计算机来做，哪怕用上亿次巨型机，其所需要的计算的数量，用打印纸足足可以排满近 70 万平方千米。由此可见，电子计算机与人脑的神经网络相比显得太不中用了。

正如美国前总统里根的科学顾问、白宫科技办公室主任乔治·基沃恩在谈到电脑前景时，一针见血地指出："目前电脑的王牌是每秒可进行上百亿次浮点操作的巨型超级机，但它的基本概念和计算方法与 40 年代的计算机并没有多大区别。它所具有的本领只是已输入知识的总和。人脑远比电脑聪明，尽管计算速度不如电脑，但运算法则要先进得多。要创造性发展电脑，就必须要了解人脑。"

因此，许多科学家都把人脑当成了研究对象，并通过多年来的探索研究，科学家们得到了许多有益的启示，提出种种设想。

第一，科学家发现，人脑的神经系统是一种分布存储方式，数量庞大的信息被存储在许多不同的地方，而不是每一个地方各存放一点信息。

第二，科学家还发现，人大脑中的神经元（又称神经突）之间的连接部分也用于存储信息。

第三，科学家又发现，人脑里的信息是由数字信号和模拟信号混合形式组成的。人脑能够用不太高的精确度进行极复杂的计算。

这些是人脑比电脑更高明的主要方面。为此，科学家们开始进行一系列模拟人脑功能的尝试。科学家指出，工作速度在万亿次每秒以上的"神经计算机"将成为计算机的发展趋势，它的构成原理和功能特点与当今电脑完全不同，具有并行处理、分布式存储以及自适应等特点。

经过一系列的试验，科学家们得出结论，采用目前的电子方法和元器件无法构成如此复杂的"神经计算机"，必须要应用诸如光学方法和神经器件等崭新技术手段。开发新一代生物芯片、神经芯片等超级集成元器件，是研制"神经计算机"的第一步。

生物芯片实际上是一种应用基因工程技术制造的蛋白质分子。科学家研究结果表明，在一些半醌类有机化合物和蛋白质分子中的氢具有"开"和"关"的电气性能，可以用来制造类似半导体电路的计算机芯片。这种生物芯片的集成度几乎要比半导体集成电路高数百亿倍，且不依靠电子传递信息，而是依靠波的方式来传播。因而，从根本上解决了半导体集成电路因集成度过高会造成过热的难题。

1994年11月，美国南加利福尼亚大学伦纳德·艾德曼教授首次公之于世利用生物芯片研制的电脑。这个被称之为生物计算机的电脑，其运算过程是通过一系列生物化学反应来实现的。构成逻辑判断装置的生物芯片则是由脱氧核糖核酸材料制成的。据电脑权威人士宣称，生物芯片的成功出世为通向"神经计算机"的道路扫除了一大障碍。

神经芯片也是电脑科学家追踪的目标之一。这种芯片主要是用诸如非晶硅高效光电导薄膜、铁电液晶体、导电聚酰亚胺薄膜等光学材料制成的，通过它们可以产生一个与接收到的光信号强度成正比例的电动势。芯片中利用光信号来传递信息，由于光信号十分容易被处理成若干个平行光束，因此可以同时快速处理众多的信息。这样，神经芯片的功能就十分接近于人们大脑中的神经元。日本三菱电机公司于1991年9月率先制成世界上第一个光神经芯片。这种芯片具有学习和记忆功能，其学习速度可高达800亿次每秒，可用于解决诸如图像识别、控制、预测等当今电脑难以应付的复杂计算问题。

作为现代高新技术的一个重要组成部分，"神经计算机"正向我们展示一个精彩纷呈的世界。虽然"神经计算机"在开发和研究的道路上会遇到许多棘手难题，但它终将走进我们的生活！

量子效应与量子计算机

　　自从 1958 年世界上出现第一块半导体平面集成电路至今，微电子技术以令人震惊的速度发展着，元器件的集成度越来越高，其结构特征也越来越趋于微型化，由此而发展的微电子微细加工技术已成了提高集成度和半导体存储器密度的关键之一，也是人类迄今为止所能达到的精度最高的加工技术。权威人士认为，尽管在每个芯片上集成数十亿个元器件的目的可以实现，但微型化已趋近极限。如再要小下去，已超越微电子技术理论的宏观极限。因此要支撑计算机的继续发展，就需要另辟蹊径。

　　21 世纪初大量实验事实表明，电子与光子一样，不仅具有粒子性，同时还具有波动性，即所谓的波粒两象性。当电子所处的空间较大时（例如一般的集成电路线路），波动的性质可以忽略，电子可以作为粒子看待。当电子所处的空间很小时，例如线宽在 0.1 微米以下（已接近目前集成电路线宽的极限）时，电子就会表现出明显的波动性，这种波动性所表现出来的种种现象就是量子效应。利用量子效应所制作的元器件就是"量子器件"。

　　量子器件不仅体积小，而且工作原理和现有的半导体电子器件完全不一样。迄今为止，各种硅半导体电子器件都是通过控制电子的数目来实现信息处理的。例如，开关元件通过有无电子流来控制电路的通、断，或表示状态"1"或"0"；放大元件是控制所通过电子的多少来实现放大功能的。

　　然而，量子器件不单纯通过控制电子数量的变化，而主要是通过控制电子波动的相位来进行工作的，它能实现更高的响应速度和更低的电力消耗。因此，量子器件的出现，人们就有可能研制出比现有最小的电子器件还要小的、由单个电子构成的元器件。据报道，美国威斯康星大学的材料科学家根据量子力学理论已制造出了一些可容纳单个电子的被称为"量子点"的微小结构。这种量子点非常微小，在一个针尖上就可容纳几十亿个。这将为制造更微型化的微处理器和更高容量的存储器开拓了美好的前景。科学家认为，量子力学的理论将会对整个电子工业产生重大的影响——产生量子计算机。

　　所谓量子计算机，是指建立在量子力学理论基础上的计算机，它有两个含义：一是指它所用的微处理器是一种量子器件；二是指它的计算过程将利用量子力学理论。

量子计算机除了所用的器件同现在的计算机不同外，其工作原理也不一样，且可以快速完成复杂的计算任务。如要对一个巨大的数进行因子分解，使用现在的计算机时，不仅需要完成大量的除法操作，且操作次数可迅速呈指数上升，而量子计算机却可迅速完成这一工作。

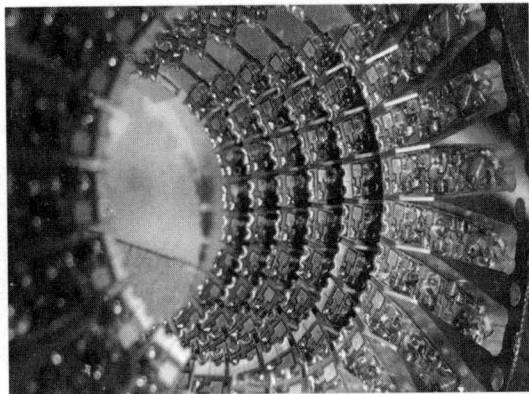

量子计算机

但是迄今为止，世界上还没有真正意义上的量子计算机。但是，世界各地的许多实验室正在以巨大的热情追寻着这个梦想。研究量子计算机的目的不是要用它来取代现有的计算机。量子计算机使计算的概念焕然一新，这是量子计算机与其他计算机如光计算机和生物计算机等的不同之处。

光与光脑

光脑是由光导纤维与各种光学元件制成的计算机。利用了光的传播速度比电子速度快的原理。它不像普通电脑靠电子在线路中的流动来处理信息，而是靠一小束低功率激光进入由反射镜和透镜组成的光回路来进行"思维"的，但同样具有存储、运算和控制等功能。早在 20 世纪 50 年代，人们就开始了制造光计算机的尝试，直到 80 年代中后期才有了决定意义的突破。20 世纪 90 年代中期，世界上第一台光脑已由欧共体的英国、法国、比利时、德国、意大利的 70 多位不同国籍的科学家研制成功。

要知道光脑为什么要优于传统的电脑，首先还要从光的特性谈起。作为信息媒质的光，从信息处理的角度看，通常具有三大特点：（1）频域宽。光的频率比电波高很多，所以信息传送容量也要大得多。另外，通过偏光和空间多重化，还可以使这一频域拓宽。（2）无感应。在以前的配线技术中，随着配线的密度提高和频率提高，不能忽略配线间分布电容的影响，串音现象很严重。这也是决定电子器件安装密度界限的一个重要因素。使用光时，这种感应的噪音可以减到非常小。（3）相互连接的柔软性。通常，电信

预计取代电脑的光脑

号用带有地线的线路传送。这种线路存在阻抗，因而规定了信号传播速度。此外，各元件之间的阻抗必须匹配。可是，光可以在自由空间或电介质波导中传播，不存在阻抗的匹配问题，特别是在自由空间传播时，相互连接的并行化很容易。由于以上原因，光计算机和以电子作为信息传输媒质的传统计算机有重大差别，使得利用光技术的信息处理方法受到人们的关注。除此之外，用光传送信息不仅具有卓越的能力，而且它的切换和运算元件的响应速度也都很快。

除了上述光的特性决定了光脑优于传统电脑以外，更为重要的是光脑的许多关键技术，如光存储技术、光互连技术、光电子集成电路等都已获得突破。

在光存储方面，由于未来计算机所要求的容量将大大超出现有 CD – ROM 或磁盘，而人们对采用光记录技术的全息方式展示了很大的希望，因为它具备了必要的高存储密度和快速时间访问。全息数据存储器在读写数据块中都用到了激光技术，或者说是将数据"分页"到感光材料中。

光互联技术是从光计算机的研制过程中衍生出来的，现已初步发展成为一门独立的网络通信技术。80 年代，苏美冷战刺激了光计算机的研究与发展。在这期间，光互联技术逐步成熟起来。光电子器件的发展对于光计算机又起

走进信息化时代
ZOUJIN XINXIHUA SHIDAI

着举足轻重的作用。目前，光电转换器件及电光转换器件的研制已比较成熟，其转换速度已达到 500 兆赫，能够满足其实用化的需求。

随着技术发展，传统电子计算机的体积和速度不断逼近理论上限，"集成电路集成度每 18 个月翻一番"的摩尔定律终将难以为继。不少科学家相信，总有一天光学电脑将凭借其更小的体积、更快的速度，带来一场新的计算机技术革命。

知识点

光子晶体光纤

光子晶体光纤又被称为微结构光纤，近年来引起广泛关注，它的横截面上有较复杂的折射率分布，通常含有不同排列形式的气孔，这些气孔的尺度与光波波长大致在同一量级且贯穿器件的整个长度，光波可以被限制在光纤芯区传播。光子晶体光纤有很多奇特的性质。例如，可以在很宽的带宽范围内只支持一个模式传输；包层区气孔的排列方式能够极大地影响模式性质；排列不对称的气孔也可以产生很大的双折射效应，这为我们设计高性能的偏振器件提供了可能。

计算机网络

计算机网络的起源

自 1946 年电子计算机问世以来的很长一段时间里，计算机不仅非常庞大，而且极其昂贵，只有极少数的公司才买得起。那时，人们上机既费时，又费力，很不方便。为了克服这种困难，人们就想到能不能把计算题目要用的数据和程序利用电话线路送到计算机上，而计算结果再通过电话线路送回来？最早实现这个想法的是美国的军事部门。

1950 年，美国在其北部和加拿大境内建立了一个地面防空系统，简称赛

走进信息化时代
ZOUJIN XINXIHUA SHIDAI

其（SAGE）系统。它是人类历史上第一次将计算机与通信设备结合起来，是计算机网络的雏形。

赛其系统还不能算是真正的计算机网络，因为由通信线路所连接的，一端是计算机，另一端只是个数据输入输出设备，或称终端设备。人们将这种系统称为联机终端系统，简称联机系统。联机系统很快就得到了推广应用。按照这种方式，人们只要将一个终端通过通信线路与计算机联起来，就可以在远地通过终端利用计算机，好像人就在机房里面一样。

除了在科学计算上的应用外，联机系统在商业上也得到了大量的应用。如用于航空公司的自动订票系统。航空公司在各售票点的窗口都装一台终端，通过通信线路连到总部的大型计算机上。这样，总部的计算机随时可知道每个航班已经发售了多少票，各终端上的售票员也随时可知道哪些航班还有余票，这样就大大提高了工作效率和服务质量。

在发展联机系统的同时，人们也在探索能不能将计算机通过通信线路连接起来，使得一些计算机上的用户能够利用其他计算机强大的计算能力、昂贵的外部设备和丰富的信息资源。20世纪60年代，美国国防部高级研究计划局资助计算机网络的研究，于1969年12月建立了只有4台主计算机的ARPA网络。这是世界上第一个计算机网络，它就是今天因特网的前身。ARPA网的成功引发了计算机网络研究的热潮，这些研究为计算机网络的发展奠定了理论基础。

随后，以IBM和数字设备公司（DEC）为代表的各大计算机厂商几乎都推出了自己的网络产品，但是计算机网络的普及是俗称个人计算机出现以后的事了。

计算机网络的分类

依据网络的规模和所跨的地域，可以将计算机网络划分为局域网、城域网和广域网。

局域网，一般是指网络的规模相对较小，通信线路不长，覆盖面的直径一般为几百米，至多几千米。整个网络通常安装在一个建筑物内，或一个单位的大院里。城域网是指一个城市范围的计算机网络，而广域网则是指更大范围的网络，可以大到一个国家，甚至整个世界。

虽然局域网、城域网和广域网这些词是着眼于所跨地域的，但是人们更多的是从网络组建技术上去区分它们。一般认为，用局域网技术组建的网络是局域网，而用广域网技术组建的网络是广域网。自然，城域网是用城域网技术组建的，但单独提出城域网技术的比较少见。这些技术的差别主要是在于所用通信线路及其通信协议上。

在局域网出现之前的计算机网络中，计算机之间的连接主要使用电信部门提供的电话线路。电话线路本来是用来传输讲话声音这种模拟信号的，为了能够传输数字，必须在线路两端各加一台专门的设备——调制解调器。由于线路和当时技术条件的限制，调制解调器的传输速率比较低，很长时间维持在每秒 600 比特到 9600 比特的速率上，电话线上近几年才达到每秒 33.6K 比特（1k = 1000）和每秒 56K 比特。概括地讲，广域网的特点是传输距离长、传输速率低、技术复杂、计算机设备规模大、建网成本高等。

局域网的产生和普及，得益于个人计算机的出现和它的迅速发展。当时，PC 机的能力很小，开始时尚没用硬盘，即使有硬盘，容量也很小，如几 M、10M、20M 个字节；一般也不配打印机；只使用简单的操作系统，如 DOS。如果能有一种简单的方法将几台 PC 机连在一起，使大家能够共享昂贵的磁盘和打印机，那再好不过了。局域网较好地满足了这个需要。每台 PC 机配一块网卡，使用一根电缆和一些收发器就能把几个办公室里的 PC 机联成一个网络了，再装上简单的网络软件就可以使用了。由于使用专门的缆线，传输距离又短，因而能获得较高的速率，如以太网早先的速率是每秒 10M 比特，后来达到每秒 100M 比特，现在已有每秒 10 亿比特了。按照国际标准，局域网有以太网、令牌环网、令牌总线网等几种。由于以太网技术简单、安装方便，而且技术革新快，现在以太网已经成为主流，几乎占领了所有的市场。局域网的特点正好与广域网相反：传输距离短、传输速率高、技术简单、计算机设备规模比较小、建网成本低等。

近几年，随着计算机技术、通信技术和计算机网络技术的迅速发展，微机、局域网和广域网的性能都大大提高。特别是使用光缆后，传输速率可以达到每秒几十亿至几万亿比特了。今后的计算机网络将是局域网和广域网的互联，两者的界限将会越来越模糊。

网络通讯协议

TCP/IP 是 Transmission Control Protocol/Internet Protocol 的简写，中文译名为传输控制协议/网际协议，又叫网络通讯协议，这个协议是 Internet 最基本的协议、Internet 国际互联网络的基础。简单地说，就是由网络层的 IP 协议和传输层的 TCP 协议组成的。

IP 协议的英文名直译就是网际协议。从这个名称我们就可以知道 IP 协议的重要性。在现实生活中，我们进行货物运输时都是把货物包装成一个个的纸箱或者是集装箱之后才进行运输，在网络世界中各种信息也是通过类似的方式进行传输的。IP 协议规定了数据传输时的基本单元和格式。如果比作货物运输，IP 协议规定了货物打包时的包装箱尺寸和包装的程序。除了这些以外，IP 协议还定义了数据包的递交办法和路由选择。同样用货物运输作比喻，IP 协议规定了货物的运输方法和运输路线。

在 IP 协议中，它定义的传输是单向的，也就是说发出去的货物对方有没有收到我们是不知道的。这怎么办呢？由 TCP 协议来解决。TCP 协议提供了可靠的面向对象的数据流传输服务的规则和约定。简单地说，在 TCP 模式中，对方发一个数据包给你，你要发一个确认数据包给对方。通过这种确认来提供可靠性。通俗而言，TCP 负责发现传输的问题，一有问题就发出信号，要求重新传输，直到所有数据安全正确地传输到目的地。而 IP 是给因特网的每一台电脑规定一个地址。

TCP/IP 协议并不完全符合 OSI 的七层参考模型。传统的开放式系统互联参考模型，是一种通信协议的七层抽象的参考模型，其中每一层执行某一特定任务。该模型的目的是使各种硬件在相同的层次上相互通信。这七层是：物理层、数据链路层、网络层、传输层、会话层、表示层和应用层。而 TCP/IP 通讯协议采用了 4 层的层级结构，每一层都呼叫它的下一层所提供的网络来完成自己的需求。这 4 层分别为：

应用层：应用程序间沟通的层，如简单电子邮件传输（SMTP）、文件传输协议（FTP）、网络远程访问协议（Telnet）等。

传输层：在此层中，它提供了节点间的数据传送，应用程序之间的通信服务，主要功能是数据格式化、数据确认和丢失重传等。如传输控制协议（TCP）、用户数据包协议（UDP）等，TCP 和 UDP 给数据包加入传输数据并把它传输到下一层中，这一层负责传送数据，并且确定数据已被送达并接收。

互连网络层：负责提供基本的数据封包传送功能，让每一块数据包都能够到达目的主机（但不检查是否被正确接收），如网际协议（IP）。

网络接口层（主机－网络层）：接收 IP 数据报并进行传输，从网络上接收物理帧，抽取 IP 数据报转交给下一层，对实际的网络媒体的管理，定义如何使用实际网络（如 Ethernet、Serial Line 等）来传送数据。

上网的设备

早在 20 世纪 60 年代，人们就设想利用普通的电话线来连接分隔两地的计算机，使它们能够相互传送数据。但是，电话线上只能传输声音———一种模拟信号，而计算机要传的是用二进制数 0 和 1 表示的一串数字信号。因此，需要有一种设备能将数字信号转变为模拟信号，以便在电话线上传输。调制解调器就是这样产生的。调制解调器总是成对使用的，需要连接的两台计算机都通过它连到电话线上。实际上，调制解调器是由调制器和解调器两个设备组合而成。调制器是将要发送的数字信号调制（即转换）为模拟信号，而解调器则将收到的模拟信号解调制（即还原）为数字信号。

调制解调器的英文名称 MODEM 取自调制器和解调器两个英文单词的前几个字母。除此之外，有的调制解调器还具有压缩、查

网　卡

错与纠错等功能。早先的调制解调器都是单独的设备，它接在计算机的串行通信口上。后来，人们把调制解调器做成一块板卡，直接插在计算机的总线槽里，这就是内置式调制解调器。另外，调制解调器又分为拨号的和专线的。前者是利用现有的电话线，联网时需要拨号；而后者则是从电信部门租用一条线路，固定连接，不需要拨号。

网卡是网络接口卡的简称。网络接口卡又称网络适配卡，它是一种直接插在计算机总线槽里的输入输出接口卡，计算机通过它连接到网络的线缆上。网卡都是针对特定的网络进行设计的，不同的网络需要使用相应的网卡。例如，用于连接以太网的是以太网卡，用于连接令牌网的是令牌网卡，用于连接 ATM（异步传输模式）网的是 ATM 网卡，等等。即使同一种网络，如果所使用的线缆不同，那么网卡也可能不同。例如，以太网可以使用粗同轴电缆、细同轴电缆和双绞线等几种，相应的网卡也有所不同。网卡可以完成网络所需要的许多功能。拿以太网网卡来说，它将计算机要传送的数据先放在自己的缓冲区里，将以字节为单位的数据变为二进制位串，再将二进制位串转变为网络可接受的形式发到网络上去。同时，它还侦听网络是否空闲，是否发生传送冲突等。

内置式调制解调器也是一种网络适配卡，它通过电话线连接广域网的。但在习惯上，人们说到网卡，大多是指连接局域网用的网卡，如以太

无线网卡

网卡。当前，有不少人将连接综合业务数字网（ISDN）用的 ISDN 适配卡称为 ISDN MODEM 或数字 MODEM。其实，这种叫法是不确切的，因为综合业务数字网是数字网，能够直接传输数字，不需要调制和解调。但是，调制解调器这个词越来越多地用来指那种通过电话线连接计算机的设备，因而这种叫法已为大多数人所接受。

在计算机网络体系结构中，调制解调器和局域网网卡都是实现物理层的功能的，但它们实际上是两种不同的设备。

国际互联网

20 世纪 90 年代，在全球范围内掀起了数字化的浪潮。一种叫做国际互联网（Internet）的神奇信息网络闯进了我们的生活。我们更习惯将其按音译称之为因特网。

因特网起源于 1969 年美国国防部资助建立的阿帕网（ARPANET）。它是美国五角大楼为了把从事相关研究的科学家、教授所使用的计算机用网络连接起来，以便进行网上信息交流和远程协作而建立的。当时接入网络的计算机只有 4 台。到了 20 世纪 80 年代，阿帕网已成为政府研究人员竞相使用的通信工具。因而，1985 年，在美国国家科学基金会（NSF）的支持下，建立了 NSFnet，这便成为今天国际互联网的骨干之一。1991 年，美国政府解除国际互联网商用的禁令，促使它很快走向商业化运作，在全球范围内迅速发展起来。

因特网是从美国本土发展起来的，现在已经成为世界范围的网络。因特网虽然是当今世界上最大的计算机网络，但它实际上是由许许多多小网络组成的。

因特网图标

因特网有两个重要的特点。一是大。据 2008 的统计，因特网已经覆盖 212 个国家和地区，因特网的用户超过 15 亿多人。二是规范统一。因特网统一使用 "TCP/IP" 网络协议，为各种应用的开发提供统一的平台，因而已经有了许多标准的应用，例如：万维网浏览、文件传输、电子函件、远程登录、新闻组等。

现在，上因特网已经成为一股热潮，政府、单位、个人、家庭都在纷纷上网。上因特网的目的是为了使用因特网。那么，大家为什么要用因特网呢？

第一，因特网上有丰富的信息资源，各种信息应有尽有，还有丰富的功能强大的检索和获取信息的工具，如浏览器、搜索引擎等。如果你对新闻感兴趣，那么你可立刻从网上找到发生在世界各地的最新新闻；如果你对某个科学问题感兴趣，那么你能在网上找到与它相关的详细介绍；如果你对电影感兴趣，那么可以从网上知道好莱坞的最新消息，甚至可以选一部电影或一个片断来欣赏一下；如果你对体育感兴趣，那么你能从网上了解到发生在世界各地的赛事和体育明星们的趣闻轶事；如果你想留学，那么你能从网上知道哪些学校招收留学生，有哪些专业，招多少人，需要什么条件等等。

第二，因特网提供了多种多样的人与人之间的交流工具。你可以通过因特网向你的朋友发送电子函件，可以通过因特网向国外朋友打长途电话，你还可以与许多朋友一起在因特网的聊天室聊天，也可以在因特网的新闻组里讨论问题，或者在网上一起玩游戏。

第三，企业可以通过因特网了解市场需求，及时开发适销的产品，为用户提供更好的服务；还可以在网上做广告，开展网上营销等。

第四，企业可以利用因特网来建造自己的网络，来宣传自己的产品和提高自己的知名度。

正因为如此，这几年上因特网的用户数急剧增加，大约每 10 个月就翻一倍。

计算机无疑是 20 世纪的一项重大科技成果。而用现代的通信技术把分散在世界各地的许许多多计算机网络连接起来形成一个全球性网上之网——因特网，则更是威力无穷。因特网将作为 20 世纪对人类社会影响最大的一种通信媒体而载入史册。

因特网中的信息传递

要了解信息是如何在因特网中传递的，我们可以先了解一下信件的传递，因为两者又很大的相似之处。

我们在邮寄信件时，要在每一封信上都清楚地写明地址；这些信要通过一个或多个邮局的转发才能送达收信人；每一封信都与其他信一起运送，一封信不会独占一辆汽车、一架飞机或一列火车；信件的运送方式和运送路线可能因为某种原因在途中发生变更。

我们知道，因特网是由许许多多小的网络连接起来组成的。当两个网络需要连接时，都通过一个叫做"路由器"的设备，它主要用来选择路径。每当信息在某处需要向前方传送时，网络都根据当时的情况选择最优路径。因特网中的信息就靠这些路由器，从一个网络传到另一个网络，最后到达目的地的。

另外，当你要传送一个文件，特别是大文件时，因特网不是把整个文件一起传送，而是先把它分成一个个较小的信息块，每一块上都标明发送方和接收方的地址，然后每一块都单独传送。这样的一块信息，称为分组或包。因为这种分组是在互联网协议（即 IP 协议）中使用的，所以又称为 IP 分组或 IP 包。由于一个文件的各个 IP 分组是单独传送的，就可能走不同的路径。所有的 IP 分组到达目的地后，再根据传输控制协议重新整理、排序、合并，恢复为原来的文件再交给用户。

因特网服务提供者所提供的服务

因特网是一个由许许多多网络组成的、覆盖世界各地的网络。一个网络甚至一台计算机，只要通过某种方式与因特网连接，并愿意被他人访问，都可成为因特网的一部分。

那么一般的用户怎样连接到因特网上去呢？这就要找因特网服务提供者（ISP），他们提供两种服务：接入服务和内容服务。

接入服务，就是提供一种方法，使你的计算机或计算机网络连到因特网上。接入服务一般有三种：专用线路、帧中继连接、拨号线路。在这三种方式中，专用线路代价最高，速度也最快；拨号线路代价最低，速度也最慢。最普遍使用的方式是拨号方式，家用计算机上网都用这个方式。拨号方式又有两种：普通电话线路和综合业务数字网。如果家里已经安置了电话，那么再买一个调制解调器就行了。综合业务数字网，简称 ISDN，它的费用比普通电话高一些，但速度却快多了。

在我国，中国公用计算机互联网 CHINANET（简称 163 网）是因特网的主要接入网，它在北京、上海和广州三地通过卫星和太平洋海底电缆与美国的因特网端口相连。因此，中国的 ISP 的接入服务实际上是使它们的用户直接或间接连到 CHINANET 网络上。

内容服务，是指上网功能方面的服务。那么因特网服务提供者提供哪些

走进信息化时代 ZOUJIN XINXIHUA SHIDAI

内容服务呢？一是给客户一个电子函件地址，为客户设一个专用的电子信箱。二是提供万维网信息浏览服务。我们所谓的联网，实际上只是连到其机器上，再通过其机器连到因特网上。其计算机负责将域名翻译为 IP 地址。因特网服务提供者一般也提供或组织一些信息库供直接浏览。除了这两种服务外，ISP 通常还提供文件传输、新闻组、信息检索等因特网服务。此外，如果你在上网过程中遇到什么问题，也可以找因特网服务提供者咨询。

信息搜索

因特网上的信息浩如烟海，我们怎样才能从那么多的信息中找到所需的信息呢？一种办法是靠自己平时随时记录和整理有用的万维网站点，另一种办法就是依靠搜索引擎。

搜索引擎是一种万维网站点，他们除了提供信息内容服务外，还提供信息检索服务。他们提供的信息检索服务主要有两种方式。

一种是索引方式。这种索引将万维网上的信息按照一种分类方法组织成树状结构，你可以一级一级地查下去，直至找到你想浏览的网页。例如，它的第一个网页上给出政治、科技、文化、艺术、体育等几个大类的栏目。如果你对体育感兴趣，则可把鼠标移到体育栏上点一下。接着，它会给你展示第二层的栏目，有国内体育和国外体育。再下一层可能是篮球、排球、足球、乒乓球、羽毛球、冰球、手球、棒球、高尔夫球、曲棍球……最后，可能在"最近一周足球比赛结果"栏目下显示出若干篇报道文章的题目，这时，你就可以选一篇来阅读了。实际上你每选一次，浏览器都把你的选择传送给搜索引擎站点，然后搜索引擎站点再将结果传送给你。如果搜索引擎站点很远（如在美国），那可能得稍微费点时间。

另一种方式是查找方式。提供这种服务的万维网站点的第一个网页上有一个空的栏目，供你填写查找要求。在那儿，你可以填入要查找内容的主题词和关键词。例如，你填了"天安门"，搜索引擎站点会查出有关天安门的文章。使用这种方式时，关键的一点是你的要求要比较恰当，如果要求太一般，搜索引擎站点可能给你找出成千上万篇文章；如果要求太严，可能查了很长时间，结果一篇也找不到。

走进信息化时代 ZOUJIN XINXIHUA SHIDAI

搜索引擎的服务能力取决于该站点联系的万维网站点的数目、数据库更新的时间周期、信息分类方法和它的信息检索算法。它收集的站点少，自然信息就少；更新周期长，信息就会陈旧；分类不合理，本来可查到的信息可能就查不到；算法不好，查找的速度就慢。搜索引擎站点有不少，比较著名的搜索引擎站点有百度、谷歌等。

知识点

广域网

广域网也称远程网。通常跨接很大的物理范围，所覆盖的范围从几十公里到几千公里，它能连接多个城市或国家，或横跨几个洲并能提供远距离通信，形成国际性的远程网络。广域网的通信子网主要使用分组交换技术。广域网的通信子网可以利用公用分组交换网、卫星通信网和无线分组交换网，它将分布在不同地区的局域网或计算机系统互连起来，达到资源共享的目的。

信息高速公路的发展

1992年，美国总统克林顿和副总统阿尔·戈尔竞选时提出建设"国家信息基础设施"，把它作为竞选纲领之一。1993年1月，克林顿就任美国总统后，立即调整了美国的科学技术政策，加强了信息技术的地位，并授权成立了国家信息基础设施特别小组。同年9月15日，特别小组郑重宣布，美国将实施一项"将永久地改变美国人民的生活、工作和互相沟通方式的信息高速公路计划"。所以，信息高速公路是信息基础设施的通俗称法。

这个信息高速公路计划的目标是要在美国建立一个以光缆为干线的、高速的、遍布全国的、四通八达的数字通信网络，能把全国的每个地区、每个部门、每个单位、每个家庭都联结起来。该计划还规定了许多具体的目标。例如，人们通过信息高速公路可以在家里工作，在家里直接查看各种各样的信息库，获取科学、文学、艺术等方面的作品和资料，可以在家里选看最新的电影，可以在家里存款、取款和购物，可以在家里享用社会的医疗保健服务，也可以在家里通过电子方式与各级政府部门取得联系；学生通过信息高速公路可以享用最好的学校、最好的教师和最好的课程；公司通过信息高速公路可以了解市场动向，开展网上营销，可以直接从客户那儿获取订货单，同时从其他公司订购原材料。如此等等。

我们可以把"信息高速公路"理解为以计算机技术和通信技术为"路基"、以光纤电缆为"路面"的"高速公路"，它以具备计算机、电话和电视功能的多媒体计算机为"汽车"，高速地传送和交换各种各样的多媒体信息。预计它第一阶段的传输速率是每秒 1G 比特（10 亿个二进制位）；而第二阶段将达到每秒 1T 比特（1 万亿个二进制位）。

随着入网用户和网上信息量的急剧增加，因特网越来越不堪重负，信息高速公路上的"塞车"现象犹如大城市中的塞车状况一样日益严重，有人已经将"万维网"戏称为"万维等待网"了。

有没有办法解决这一日益尖锐的矛盾呢？办法还是有的。

办法之一是开辟一条"旁路"。美国国家科学基金会为了帮助科学家解决相互传递大信息量的数据文件时要花费较多时间等待的问题，将特意为科学家们开辟一条"旁路"，让他们驶入"快车道"。这样，在不同地点的科学家可以在因特网上以小组的形式在"一起"工作，相互之间交换大量的数据文件，并且还可以召开电视会议。

办法之二是建立"因特网第二"。这项计划是将高速信息通道加入到今天拥挤的因特网上去。科学家心目中的"因特网第二"，是终端用户迅速而可靠地将大量的数据通过电话、电缆、卫星和其他已发明的网络进行传递的一种方法，"虚拟会议"正是领先于当今技术的一种先进手段。今天的因特网就像是一条拥有无数入口处、毫无交通管制的单车道公路，那里没有红灯限制你，没有人对你说你不能用它。因此当交通繁忙时，公路上的车辆的速度自然就会慢下来，"万维网"变成"万维等待网"也就在情理之中了。而"因特网第二"将增加收税"车道"，从而提高网络的速度。

我们可以相信，随着信息技术的进一步改进，信息高速公路上的"塞车"现象会逐渐好转。

走进信息化时代

ZOUJIN XINXIHUA SHIDAI

信息技术与信息化

XINXI JISHU YU XINXIHUA

信息技术推广应用的显著成效，促使世界各国致力于信息化，而信息化的巨大需求又驱使信息技术高速发展。当前信息技术发展的总趋势是以互联网技术的发展和应用为中心，从典型的技术驱动发展模式向技术驱动与应用驱动相结合的模式转变。信息技术代表着当今先进生产力的发展方向，信息技术的广泛应用使信息的重要生产要素和战略资源的作用得以发挥，使人们能更高效地进行资源优化配置，从而推动传统产业不断升级，提高社会劳动生产率和社会运行效率。随着信息化在全球的快速进展，世界对信息的需求快速增长，信息产品和信息服务对于各个国家、地区、企业、单位、家庭、个人都不可缺少。信息技术已成为支撑当今经济活动和社会生活的基石。在这种情况下，信息产业已成为世界各国，特别是发达国家竞相投资、重点发展的战略性产业部门。

电信时代来了

通信，简单地说，就是信息的传递。从这个意义上讲，可以说通信是随人类社会的产生而产生，与人类社会的发展而发展的。

走进信息化时代

ZOUJIN XINXIHUA SHIDAI

早在人类的语言产生之前，便有结绳记事、击鼓传情一类原始的通信手段。后来，又出现了以火光传递信息的办法。在我国境内，至今尚存有不少烽火台的遗迹，便是这段历史的有力见证。

人类传递比较详尽信息的愿望，只有在文字发明之后才逐步得以实现。信，便是载带文字信息的使者。

残存下来最古老的信，是用楔形文字写在泥版上，装在泥制的封套里的。公元 105 年，我国的蔡伦改进了造纸术。从此，信便可以写在纸上传递了。传递信的人也渐渐由步行转为骑马。据考证，我国

古代的驿站

早在公元前 14 世纪便开始修筑驿道，派驿使传递书信。驿使现象是带有世界性的。例如，在埃及的历史上，就有由驿使传递尼罗河水上涨信息的记载。

大约是在 14 世纪，城市邮政首先在欧洲兴起。18 世纪 90 年代，在欧洲还曾盛行一种叫"遥望通信"的视觉通信方式。整个系统是由许多塔站组成的。这些塔站沿通信线路择高建筑，形成彼此遥相呼应的接力系统。通过改变塔站顶上横杆和竖杆的位形，把文字信息一个接一个地发送出去，并一站接一站地进行传播，直至目的地。

人类通信的革命性变化，是从把电作为信息载体后发生的。

1753 年 2 月 17 日，《苏格兰人》杂志上发表了一封署名 C·M 的书信。在这封信中，作者提出了用电流进行通信的大胆设想。1832 年，俄国外交家希林在电磁感应理论的启发下，制作出了用电流计指针偏转来接收信息的电报机。1837 年 6 月，英国青年库克获得了第一个电报发明专利权。他制作的电报机首先在铁路上获得应用。

在 19 世纪众多的电报发明家中，最有名的还是莫尔斯以及他的伙伴维尔。莫尔斯是当时美国很有名气的画家。他在 1832 年旅欧学习途中，开始对

电磁学发生了兴趣，并由此而萌发出了把电磁学理论用于电报传输的念头。1835 年，他开始了制作电报机的努力。不久，他的第一台电报机问世；1837～1838 年间，莫尔斯又发明了用电流的"通"和"断"来编制代表数字和字母的电码（即莫尔斯电码），同时在维尔的帮助下完善了电报机。

1843 年，莫尔斯经竭力争取，终于获得了 3 万美元的资助。他用这笔款子修建成了从华盛顿到巴尔的摩的电报线路，全长 64.4 千米。1844 年 5 月 24 日，在座无虚席的国会大厦里，莫尔斯用他那激动得有些颤抖的双手，操纵着他倾十余年心血研制成功的电报机，向巴尔的摩发出了人类历史上的第一份电报："上帝创造了何等奇迹！"

电报的发明，拉开了电信时代的序幕，开创了人类利用电来传递信息的历史。

知识点

数据单元

数据单元是网络信息传输的基本单位。一般网络连接不允许传送任意大小的数据包，而是采用分组技术将一个数据分成若干个很小的数据包，并给每个小数据包加上一些关于此数据包的属性信息，例如源 IP 地址、目的 IP 地址、数据长度等。这样的一个小数据包就叫数据单元，又称帧、数据帧等。这样一来，每次网络要传送的数据都是规格和封装方式相同的一个"小包裹"，有利于数据传输的标准化，简化了数据传输方式。

通信的分类

模拟通信

根据信号方式的不同，通信可分为模拟通信和数字通信。

所谓模拟通信，就是利用正弦波的幅度、频率或相位的变化，或者利用脉冲的幅度、宽度或位置变化来模拟原始信号，以达到通信的目的。

模拟信号指幅度的取值是连续的（幅值可由无限个数值表示）。时间上连续的模拟信号、连续变化的图像（电视、传真）信号等，时间上离散的模拟信号是一种抽样信号。

数字信号指幅度的取值是离散的，幅值表示被限制在有限个数值之内。二进制码就是一种数字信号。二进制码受噪声的影响小，易于有数字电路进行处理，所以得到了广泛的应用。

模拟通信的例子在我们日常生活中很多。例如，广播电台通过空中传输广播节目，无线电视台通过空中传输电视节目，有线电视台通过光缆和同轴电缆传输电视节目，普通电话线传输语音等。就在我们

广播电视塔

家中，普通的电视机、录像机、CD 机、VCD 机、音响等设备通过音频、视频信号线互相传输信息，也都是模拟通信的例子。总之，模拟通信需要传输的是音频、视频等模拟信号。

模拟通信的优点是直观且容易实现，但存在两个主要缺点。首先是保密性差。模拟通信，尤其是微波通信和有线明线通信，很容易被窃听。只要收到模拟信号，就容易得到通信内容。其次是抗干扰能力弱。电信号在沿线路的传输过程中会受到外界的和通信系统内部的各种噪声干扰，噪声和信号混合后难以分开，从而使得通信质量下降。线路越长，噪声的积累也就越多。

数字通信

与模拟通信相对应的是数字通信。

所谓数字通信，是用数字信号作为载体来传输消息，或用数字信号对载波进行数字调制后再传输的通信方式。数字信号是一种离散的、脉冲有无的

组合形式，是负载数字信息的信号。现在最常见的数字信号是幅度取值只有两种（用0和1代表）的波形，称为"二进制信号"。数字通信可传输电报、数字数据等数字信号，也可传输经过数字化处理的语声和图像等模拟信号。

数字通信的早期历史是与电报的发展联系在一起的。1937年，英国人里夫斯提出脉码调制（PCM），从而推动了模拟信号数字化的进程。1946年，法国人德洛雷因发明增量调制。1950年卡特勒提出差值编码。1947年，美国贝尔实验室研制出供实验用的24路电子管脉码调制装置，证实了实现PCM的可行性。1953年发明了不用编码管的反馈比较型编码器，扩大了输入信号的动态范围。1962年，美国研制出晶体管24路1.544兆比特/秒脉码调制设备，并在市话网局间使用。进入20世纪90年代，数字通信向超高速大容量长距离方向发展，高效编码技术日益成熟，语声编码已走向实用化，新的数字化智能终端将进一步发展。

数字通信与模拟通信相比具有明显的优点：首先是抗干扰能力强。数字通信中的信息是包含在脉冲的有无之中的，只要噪声绝对值不超过某一门限值，接收端便可判别脉冲的有无，以保证通信的可靠性。其次是远距离传输仍能保证质量。因为数字通信是采用再生中继方式，能够消除噪音，再生的数字信号和原来的数字信号一样，可继续传输下去，这样通信质量便不受距离的影响，可高质量地进行远距离通信。此外，它还具有适应各种通信业务要求（如电话、电报、图像、数据等），便于实现统一的综合业务数字网，便于采用大规模集成电路，便于实现加密处理，便于实现通信网的计算机管理等优点。

知识点

二进制代码

二进制代码，就是用0和1表示，满2进1的代码语言。一种可以将两种架构的本地代码存放在同一个包装的格式。二进制代码语言或称为机器语言，计算机可以直接识别，不需要进行任何翻译。每台机器的指令，其格式和代码所代表的含义都是硬性规定的，故称之为面向机器的语言，也称为机器语言。它是第一代的计算机语言。机器语言对不同型号的计算机来说一般是不同的。

无线电技术的进步

1820年，丹麦物理学家奥斯特发现，当金属导线中有电流通过时，放在它附近的磁针便会发生偏转。接着，学徒出身的英国物理学家法拉第明确指出，奥斯特的实验证明了"电能生磁"。他还通过艰苦的实验，发现了导线在磁场中运动时会有电流产生的现象，此即所谓的"电磁感应"现象。

著名的科学家麦克斯韦进一步用数学公式表达了法拉第等人的研究成果，并把电磁感应理论推广到了空间。他认为，在变化的磁场周围会产生变化的电场，在变化的电场周围又将产生变化的磁场，如此一层层地像水波一样推开去，便可把交替变化的电磁场传得很远。于是，麦氏便成为人类历史上预言电磁波存在的第一人。

但是，电磁波的存是由赫兹证明的。1887年的一天，赫兹在一间暗室里做实验。他在两个相隔很近的金属小球上加上高电压，随之便产生一阵阵噼噼啪啪的火花放电。这时，在他

赫兹

身后放着一个没有封口的圆环。当赫兹把圆环的开口处调小到一定程度时，便看到有火花越过缝隙。通过这个实验，他得出了电磁能量可以越过空间进行传播的结论。赫兹的发现，为人类利用电磁波开辟了无限广阔的前景。

赫兹透过闪烁的火花，第一次证实了电磁波的存在，他却断然否定利用电磁波进行通信的可能性。但赫兹电火花的闪光，却照亮了两个异国年轻发明家的路。1895年，俄国青年波波夫和意大利青年马可尼分别发明了无线电报机，勇敢地闯入了赫兹所划定的"禁区"。1897年5月18日，马可尼进行

横跨布里斯托尔海峡的无线电通信取得成功。

立体声音箱

自从 1895 年马可尼发明无线电报以后，科学家就开始研究利用电磁波传送语音信息。1896 年，法国的发明家莱布朗克（1857～1923）提出用电磁波传送声音的设想，用声音信号调制高频电磁波。电子管的诞生为无线电广播的发明创造了条件。

马可尼发明无线电报后，引起了世界各国的重视，美国农业部气象局决定利用无线电报传送天气预报，为农业生产服务。1900 年，该局聘请了匹兹堡大学物理学费森登教授做利用无线电传送气象信息的实验。费森登教授在实验中，想利用电磁波传送声音。他根据莱布朗克提出的调幅原理，开始试验无线电广播。到 1901 年，试验取得初步成果，又经过五年的研究，他发明了世界上第一座无线电广播电台。这座广播电台设在马萨诸塞州，它的发射天线是借用美国国立电气信号公司的无线电报天线，高 128 米。它用一台交流发电机供电，功率为 1 千瓦，于 1906 年圣诞节之夜首次试播讲话和音乐并获得成功。

无线电广播的发射和接收原理是这样的：语言、音乐等声音信息通过音频放大器输出的音频信号和音频振荡器产生的高频振荡信号，经过调制器，变成高频调幅振荡信号，再经过高频放大器送往发射台天线向空中发射出电磁波。收音机收到这种电磁波后，先变成高频电流。但这种电流很微弱，要经过放大，再经过检波器检波，检出音频电流，经音频放大，送入喇叭，变成原来的语言和音乐声音。

无线电与广播技术

无线电广播技术是在无线电报及无线电话的基础上发展起来的。各种功

走进信息化时代
ZOUJIN XINXIHUA SHIDAI

能的电子管的发明和应用加速了无线电广播的发展。无线电广播自发明以来已经进行了三次重大的技术革新。

从长波到短波

无线电频段是宝贵的资源，常用的无线电频段有：

长波，波长 1000 ~ 10000 米，频率 3 ~ 300 千赫（kHz），称为低频。

中波，波长 100 ~ 1000 米，频率 300 ~ 3000 千赫（kHz），称为中频。

短波，波长 10 ~ 1000 米，频率 3 ~ 30 兆赫（MHz），称为高频。

无线电广播常用的频段：中波 100 ~ 1500 千赫（kHz），中短波 1.5 ~ 6 兆赫（MHz），短波 6 ~ 30 兆赫（MHz）。

电磁波的传播有两种形式，一种是沿地球表面传播的地波，另一种是沿空中传播的天波。物理学家首先认识的是地波传播。1918 年英国物理学家沃斯顿在长期研究中，提出地波传播理论。他指出，电磁波是沿着地球表面绕射传播，路线呈弯曲状。但大地对电磁波有吸收作用，电磁波在传播途中，波的强度将随距离而衰减。他特别指出，波长越短，这种衰减程度就越强。在这种理论的指导下，20 世纪 20 年代，即无线电广播创建初期，使用的是长波和中波。英国于 1925 年建立功率为 25 千瓦的第一个长波电台，使用波长为 1500 米的长波。美国的早期广播主要使用 300 ~ 500 米的中波。然而，由于长波和中波的传播距离有限，例如用功率为 3 千瓦的发射机，传播距离仅有40 千米左右，这样就得增设许多中继站才能将长波或中波传播到较远的地方。

在广播早期，人们根据沃斯顿的地波理论，把 200 米以上的中长波作为国家、大城市建台使用，片面地认为 200 米以下的中短波传播距离太短，无商业价值，将这些频段划给业余无线电爱好者使用。由于发射中长波要建立功率强大的发射机，需要国家投资，而短波却只需小功率的发射机就可以了，因此业余无线电爱好者都乐意使用短波。

在无线电广播的实践中，不少业余无线电爱好者发现，短波也可以传播到远方，于是，天波理论诞生了。

无线电报发明家马可尼在无线电发射实验中，推测空中有能够反射电磁波的电离层存在。后来，人们发现在离地面 50 ~ 400 千米的高空的确存在电离层，证实了马可尼的推测。1912年，英国的物理学家埃克耳斯从理论上论证了电离层对电磁波的折射作用。1924年，拉摩经过研究确定，电离层中存在大量的电子，揭示了电离层折射电磁波的原因。随后，查普曼研究指出，电离层可分为 D、E、F 层，各层对不同波长的电磁波的反射效果不一样，对短波的反射效果最好。查普曼还指出，只有频率大于30兆赫的电磁波才可以穿透电离层。这为以后的远距离微波通信（如人造卫星的通信）作了理论准备。

短波可以通过电离层的反射作用传播到远方。这一发现为无线电广播的发展开创了新的天地。当时，所有的长波和中波频段很快被各国的电台占满，原来认为没有多大作用的短波，成了无线电广播求之不得的新频段。

早期的无线电收音机

短波的优点是：它的方向性好，适合作远距离定向广播；用较低的发射功率就可以传播到远方，建台成本低。1921年12月，美国在试验广播中，利用200米的中短波向英国广播，获得成功。1925年4月，荷兰的青年工程师冯·贝茨利尔建造了波长为30米的短波发射机，5月13日，将无线电信号传播到了印度尼西亚。经过技术改进，短波发射机可以向世界范围发射无线电广播信号。1927年6月1日，荷兰女王通过短波，向东、西印度群岛发表广播讲话。随后不久，在远距离的广播中，短波电台逐步取代了长波电台。

无线电广播研究人员还发现，长波和中波主要靠地面传播，但中波也有一部分经过天波传播。因此，到了夜间，由于空中的电离层升高，在同样的反射角度下，人们可以收听到白天收不到的远方中波电台的广播。

随着大量短波电台的出现，接收技术也得到相应改进。广播初期的收音机主要是为收听长波设计的，要想收听短波广播就要配制专门的装置。为了解决这个矛盾，费森登于 1912 年提出了"超外差原理"，将长波和短波都转换成中频，使一个收音机既可收听长波，又可收听短波。1919 年，美国的物理学家阿姆斯特朗（1890～1954），根据费森登的原理，研制成功超外差收音机。

自从 1965 年第一颗地球同步静止轨道卫星发射成功后，无线电广播开始用同步卫星传播到世界各地，再也不受地波和天波的限制了。

从调幅到调频

无线电广播是利用电磁波传播声音信息的。传播的技术很复杂，但大体可分为两步，第一步是把语言、音乐等声音信号变成低频的电信号，这种信号不能发射。第二步是把低频的电信号变成高频的电磁波，通过天线从空中发射出去。将低频的电信号转变成高频电磁波，这个过程就叫调制。没有经过调制的高频电磁波叫做载波，它可以"运载"带有声音信息的低频电信号，经过调制后的高频电磁波叫调制波。如果把带有声音信息的低频电信号比作单车，那么，没有经过调制的高频电磁波就如一架飞机，调制波就像载满了单车的飞机。每个载波都有一定振幅和频率。电磁波是一种横波，振幅又叫波幅，是从波峰或者波谷到横坐标轴的距离。频率又叫周率，电磁波每秒钟振动的次数，单位是"赫兹"，简称"赫"。在无线电广播发射技术中，调制载波的振幅叫做调幅广播，调制载波的频率叫调频广播。

初期的无线电广播发射技术采用的是调幅（AM）制，这是使载波的振幅按照所需传送信号的变化规律而调制的方法。用调幅器将载波调制成调幅波，这种技术在无线电广播及其他的无线电通信中常为应用。调幅用于长波、中波和短波广播，它的优点是占用频带较窄，一般不大于 20 千赫，因此在较窄的中、短波频带内，可以容纳数量众多的广播电台。而且收听调幅的收音机结构简单，造价较低。

但是，调幅广播的抗干扰性能差，收音时噪音大。美国的物理学家阿姆斯特朗针对调幅广播的缺点，提出了调频（FM）广播理论。这是使载波的瞬时频率按照所需传送信号的变化规律而变化的调制方法，用调频器将载波调制成调频波。调频技术在无线电广播、电视伴音及无线电通信中广为应用。

1933 年，阿姆斯特朗创建第一座调频广播电台，克服了邻近电台干扰和雷电干扰的现象，可以使声音保持极高的保真度。调频广播与调幅广播相比，调频广播的抗干扰能力强，音质优美动听，覆盖面积大。第二次世界大战后，调频广播得到迅速发展。但调频广播的技术较复杂，建台成本高，所占的频带较宽，而且要用调频收音机才可以收听。这项广播技术一般只用于超短波的发射。

电视伴音使用的也是调频广播技术，但是由于电视的伴音与广播的频率不一样，所以调频收音机收不到电视的伴音。

从单声道到立体声

无线电广播早期，传播的声音是单声道，即单源音。单声道的录制、发射、接收技术较为容易，但单声道缺乏方位感和层次分明的立体感，尤其是一些立体感很强的音乐节目，从收音机里听起来就有些乏味了。为了增强广播的听觉效果，在单声道调频广播的基础上，发展了双声道调频广播，也叫立体声调频广播。

立体的听觉原理与立体的视觉原理相似。人们用两只眼睛看物体比用一只眼睛看更能准确地判断物体远近及方位；用两只耳朵听声音，更能感受到声音的方位和立体感。

在无线电广播发明之前，人们就认识了立体声。1881 年的圣诞节那天，法国巴黎歌剧院演出精彩的节目。法国工程师克莱蒙特在舞台左右各安装一台电话机，分别与家里的两台电话机连接。表演开始了，他坐在远离剧院的家里同时抓起两个听筒，两耳同时收听。令人惊奇的现象出现了，他听到了舞台那身临其境的立体声。克莱蒙特发明的立体声技术获得了专利。这一年，他在巴黎博览会上，用自己的发明设备，直接转播巴黎歌剧院的现场演出，让参加博

意大利科学家马可尼

览会的顾客第一次欣赏到了立体声。

克莱蒙特的发明，引起了许多物理学家研究立体声的兴趣。在第一次世界大战期间，军事科学家们根据克莱蒙特的发明研制成了"双耳接收喇叭"，用来判断敌方飞机的方位。1931 年，英国工程师布龙莱茵研制成了双声立体声唱片。1933 年 4 月 27 日，美国的贝尔电话实验室利用电话线路，向华盛顿传送在费城举行交响乐的立体声。1941 年，立体声电影问世。1954 年，美国生产出双迹磁带立体声录音机。1957 年，英、美两国分别生产首批商业用立体声唱片。1977 年，日本研究制成脉码调制的立体声数字录音机。

立体声在广播电台的应用，最早是 1925 年，由美国康涅狄格州纽黑文的无线电广播电台播出。当时用的是调幅广播，立体声的双声道分别用两个不同的波长传播，每个听众要用两台收音机的耳机同时收听。调频广播普及后，立体声调频广播便陆续出现了。

我国的立体声广播始于 1979 年。当年 9 月 26 日，黑龙江省广播事业局研制成我国第一台立体声调制器。12 月，黑龙江人民广播电台用这台调制器开始了立体声广播。中央人民广播电台从 1982 年 10 月 1 日开始，在第三套节目中播出立体声节目。

强大的光通信技术

1954 年，美国物理学家研制出一种被称为"脉泽"的强大电流。他证明，利用脉泽原理可以制造出激光，但当时未能实用化。1960 年，美国物理学家梅曼用强大的普通光照到人造红宝石上，制造出了比太阳光强 1000 万倍的激光。

由于激光频带宽，有很丰富的频率资源，而且纯度高、不易扩散，具有很好的方向性，因而很快地便在通信领域找到了用武之地。开始，人们让载带着信息的激光通过大气传播，以实现点对点的通信；后来，人们发现激光在大气中传播时，易受气候条件和地理条件的影响和制约，不仅信号衰减很快，而且传输质量也得不到保证，因而便把注意力由"无线"方式转向"有

光线电缆

线"方式，即设法给激光提供一个理想的有形通路。

人们很早就已发现弯曲的玻璃可以传光。在一个不透光的暗箱中安装一只电灯，把一根弯曲的玻璃棒的上端插入箱中，打开电灯，在棒的下端会有光线射出。这是因为从上端进入棒的光线在棒的内壁多次发生全反射，沿着锯齿形的路线顺玻璃棒传到了棒的下端。按照这一原理，人们制造出一种特殊的玻璃丝。先用石英为原料制成直径只有几微米到几十微米的细丝内芯，再在细丝的外面包上一层折射率比它小的材料制成的外套，光线在内芯和外套的界面上发生全反射，传播途中就不会因漏射而损失入射光的能量，这就是光导纤维，简称光纤。

1966 年，英籍华人高锟博士最早提出以玻璃纤维进行远距离激光通信的设想。由于他以及许多后来者的不懈努力，人类终于进入了一个色彩纷呈、令人眼花缭乱的光通信时代。

一根光纤只能传送一个很小的光点，若把数以万计的光纤整齐排列，形成一束规则排列的光缆，光缆两端光纤排列的相对位置相同，就可以传送光信号图像了。光缆不仅能远距离传送图像，还能传送声音（光纤电话），在声音的发送端，通过声电转换和电光转换，把声音信号转变成强弱变化的光信号，通过光缆传到接收端，接收端再通过相应的转换，把光信号还原成声音信号。

光通信之所以有如此之魅力，首先是由于它的"宽广"和"大度"。它所能容纳的信息量之大是历代信息媒体所望尘莫及的。一根直径不到 1.3 厘米的由 32 根光纤组成的光缆，竟能容许 50 万对用户同时通话，或者同时传送 50 多个频道的电视节目。这还只是今天所能达到的水平，而它的潜力还要比这大得多。除此而外，光缆还具有不受电磁干扰、原料充足、成本低、质量轻、铺设方便、保密性强的优点。因而一经问世，便成为通信领域里一颗耀眼的明星。如今，由光纤组合而成的光缆不仅是陆地通信的命脉，而且还穿洋过海，成为连接世界各大洲的重要信息渠道。它不仅用作电信局站间的中继线路，还直达用户所在地的路边、楼群以至用户家中，给人们带来丰富多彩的通信服务。

知识点

光存储技术

光存储技术是采用激光照射介质，激光与介质相互作用，导致介质的性质发生变化而将信息存储下来的。读出信息是用激光扫描介质，识别出存储单元性质的变化。在实际操作中，通常都是以二进制数据形式存储信息的，所以首先要将信息转化为二进制数据。写入时，将主机送来的数据编码，然后送入光调制器，这样激光源就输出强度不同的光束。

微波通信技术

微波通讯是在无线电通讯的基础上发展起来的一种新的通讯技术。它具有容量大、质量高，可以长距离传送电视、电话、电报、照片、数据等各种通讯信号。还有投资省、建设快等多方面的优点，因此，它已成为现代化通讯的一个重要组成部分。

说到微波通信，大家也许说不清是怎么回事，可要说到雷达、卫星转播电视节目，大家一定不会陌生。实际上，雷达和通信卫星都是利用微波来发现目标、进行远距离通信的。

那么，为什么让微波担当远距离通信的重任呢？实际上，微波属于电磁波，它和长波、中波、短波都是电磁波家族的成员。由于微波波长很短，它的频率就非常高。普通短波电台频率约为几兆赫，而微波频率，往往有几千兆赫，甚至几万兆赫。这样高的频率，不但不会受到雷电、电焊，或电气火车等的干扰，通讯中杂音很小，质量很好，而且由于频率高，频带也就宽，所以一个微波机可以传送数百乃至上千个电话以及远距离传送彩色电视节目。由于电视图像信号占用很宽的频带，因此，传输电视信号非它莫属。此外，微波波束很窄，方向性很强，使用较低的功率就可将信号传得很远，而且，方向性强的好处还在于可以减弱通信中互相干扰的现象。由于微波通信具有频带宽、携带信息量大、受外界干扰小、建站快、投资较少等优点，人们早就想以微波作为通信的传输手段。

微波电路的建设不受地形的限制，对于湖泊、大江、高山都可选择合理地形穿越而过，实现通讯。它也不受冰凌、大雪、暴雨等恶劣气候的影响。

因此，微波通讯可以适应各种现代化通讯的需要，因而得到广泛发展。

但是，微波波长很短，只有 1 毫米至 1 米。在传输信号的长途旅行中，它既不像长波那样，遇到障碍物时可以迈开"长腿"，翻山越岭；也不像短波那样，可以利用空中的电离层来回反射电磁波，实现远距离通信。微波具有近似光波的特性，像光线一样，传输路线是径直向前的，而且，它的反跳能力极强，一遇到阻挡物，就被反射回来。因此，微波只能在空中传播。大家知道，地球是圆形的，而微波只能视距传播，不能顺着地球的圆弧传播。也就是说，微波的传输距离只能限制在可以互相看得见的两点这样一个范围内。即使将发射天线架设在 40 米高的山上，微波也被地球的"大肚子"所阻挡，传输距离只有 50 多千米。

科学家们想到了"接力赛跑"的办法。参加过运动会的同学都很熟悉接力赛跑吧。在竞争激烈的接力赛跑中，小小接力棒在运动员手中传递着，每个人以最快的速度，跑完各自的路程，接力

微波通信塔

棒被用最快的速度传到终点。为了将信号传送到远方，微波通信也采用了接力赛跑的方式。人们每隔四五十千米，就建立一个微波中继站；一连串的"微波中继站"，就像古代的烽火台一样，每个中继站都有高耸的天线，把上一个中继站的信号接收下来，加以放大，再传送给下一个中继站。就这样，一站接一站地传送下去，实现了远距离的通信。

卫星通信技术

微波通信采用接力的办法，通过建立中继站实现了远距离的通信。但是，这种方式也有很大的缺点。因为地球上有些地方是无法建立中继站的。比如，从我国的北京到美国的纽约，距离有上万千米，中间隔着波涛汹涌的太平洋，如果每隔四五十千米，建立一个中继站，就得在海上建200多个站，这是不可能做到的。

1945年，一个名叫克拉克的英国人发表了一篇题为《地球外的中继站》的科学预言论文。在论文中，他提出了一个十分大胆的设想，即人类有可能通过发射人造地球卫星，为地面通信建立设在空间的"中继站"。他说将卫星放到赤道上空约36000千米的同步轨道上。这样，一颗卫星上的中继站所转发的微波，可以覆盖大约1/3的地球表面。如果布放3颗等距离同步卫星，全球卫星通信即可实现。他还预言，在1969年前后，人类将登上月球。

历史完全印证了克拉克的预言。1957年10月4日，苏联发射了世界上第一颗人造地球卫星。这不仅标志着航天时代的开始，也预示卫星通信时代即将来临。紧接着，美国

航天飞机发射国际通信卫星

于 1960 年 8 月 12 日发射了第一颗通信实验卫星——"回声"1 号。这是一颗无源卫星，只能反射来自地面的无线电波，而不能放大和转发信号，因而没有多大的实用价值。第一颗有源通信卫星是美国在 1962 年 12 月 13 日发射的"中继"1 号。它在次年 3 月进行的美、日两国电视转播试验中，及时地转播了肯尼迪遇刺的重大新闻，给人们留下了深刻的印象。1965 年 4 月 6 日，世界上第一颗商用卫星"晨鸟"号发射成功，它标志着一个崭新的卫星通信时代由此开始。

50 多年来，卫星通信有许多出色的表现。首先，卫星转播不仅使报道世界重大事件的新闻在瞬息之间传遍全球，而且还使得分散在世界各地的人可以足不出户，通过电视屏幕同观一场球赛，或同时出席一个国际会议。

卫星通信是由一个地面站向卫星发射信号，经过卫星的放大、变频等处理，再转发给另一个地面站。一般来说，经卫星的这一"跳"，最远的通信距离可达 13000 千米，三"跳"即可绕地球一周。通信卫星居高临下，因而不受任何地形条件的限制，即使是在荒漠、高山、海洋和岛屿等，只要有一个直径零点几米的"甚小地面站"，就可以通信，而且通信的费用与通信距离无关。有人做过计算，从一颗卫星发射出来的微波信号，能够覆盖地球面积的 40%，相当于在地面架设 300 多个微波接力站。在卫星覆盖区内，任意两点或多点，都可以实现卫星通信。卫星通信的容量也大得惊人，一颗通信卫星可以容纳 6 万多人同时打越洋电话，并可进行许多路电视通信，还可以进行数据、文字、图像和移动通信。

目前，人类在同步轨道上已经发射了 100 多颗通信卫星，还有 1000 多颗移动通信卫星在中低轨道运转。这些通信卫星在许多要求远距离、高质量的通信领域大显身手，它们承担了全球近 100% 的越洋电视转播和 30% 以上的国际电报电话业务，奥运会电视转播、香港回归盛典以及许多救援通信，都是卫星通信完成的。卫星通信使人们强烈地感受到地球正在缩小，一个"地球村"的概念也由此而产生。另外，由于卫星通信的崛起，在海上救援活动中，古老的以"SOS"为呼救信号的莫尔斯电报已退出历史舞台，海事卫星后来居上，将人类的海上救援活动推向了一个新的水平。在后来的许多战争中，卫星通信也出尽了风头。

···➡ 知识点

模拟信号

　　模拟信号是指信息参数在给定范围内表现为连续的信号。或在一段连续的时间间隔内，其代表信息的特征量可以在任意瞬间呈现为任意数值的信号。模拟信号分布于自然界的各个角落，如每天温度的变化，而数字信号是人为的抽象出来的在时间上不连续的信号。电学上的模拟信号是主要是指幅度和相位都连续的电信号，此信号可以被模拟电路进行各种运算，如放大，相加，相乘等。

全球定位系统

　　1992 年 4 月，巴勒斯坦民族解放阵线主席阿拉法特的座机在飞行途中突然遭遇沙暴而迫降在撒哈拉大沙漠里。巴解总部获悉此情后立即组织救援，但是使出了浑身解数仍毫无结果。不得已，最后只好求助于美国的 GPS。奇迹出现了，仅仅花了十几个小时，借助 GPS 那神奇的威力，在茫茫沙漠里找到了飞机的准确位置，从而使阿拉法特得以死里逃生。

　　上面提到的 GPS，其全称是 Global Positioning System，中文则翻译为全球定位系统。是 20 世纪 70 年代由美国陆海空三军联合研制的新一代空间卫星导航定位系统。其主要目的是为陆、海、空三大领域提供实时、全天候和全球性的导航服务，并用于情报收集、核爆监测和应急通讯等一些军事目的，是美国独霸全球战略的重要组成部分。

　　GPS 主要由 3 个部分组成：

　　一、空间部分。GPS 的空间部分是由 24 颗工作卫星组成，它们位于距地表 17600 千米的高空，并均匀分布在 6 个轨道面上（每个轨道面 4 颗），轨道倾角为 55°。此外，还有 4 颗有源备份卫星在轨运行。卫星的分布使得在全球任何地方、任何时间都可观测到 4 颗以上的卫星，并能保持良好定位解算精度的几何图像。这就提供了在时间上连续的全球导航能力。

二、地面控制部分。GPS 地面控制部分由一个主控站，5 个全球监测站和 3 个地面控制站组成。监测站均配装有精密的时钟和能够连续测量到所有可见卫星的接受机。监测站将取得的卫星 GPS 观测数据，包括电离层和气象数据，经过初步处理后，传送到主控站。主控站从各监测站收集跟踪数据，计算出卫星的轨道和时钟参数，然后将结果送到 3 个地面控制站。地面控制站在每颗卫星运行至上空时，把这些导航数据及主控站指令注入到卫星。这种注入对每颗 GPS 卫星每天一次，并在卫星离开注入站作用范围之前进行最后的注入。如果某地面站发生故障，那么在卫星中预存的导航信息还可用一段时间，但导航精度会逐渐降低。

GPS 定位导向仪

三、用户设备部分。GPS 用户设备部分即 GPS 信号接收机。其主要功能是能够捕获到按一定卫星截止角所选择的待测卫星，并跟踪这些卫星的运行。当接收机捕获到跟踪的卫星信号后，就可测量出接收天线至卫星的伪距离和距离的变化率，解调出卫星轨道参数等数据。根据这些数据，接收机中的微处理计算机就可按定位解算方法进行定位计算，计算出用户所在地理位置的经纬度、高度、速度、时间等信息。接收机硬件和机内软件以及 GPS 数据的后处理软件包构成完整的 GPS 用户设备。GPS 接收机的结构分为天线单元和接收单元两部分。接收机一般采用机内和机外两种直流电源。设置机内电源的目的在于更换外电源时不中断连续观测。在用机外电源时机内电池自动充电。关机后，机内电池为 RAM 存储器供电，以防止数据丢失。目前各种类型的接收机体积越来越小，重量越来越轻，便于野外观测使用。

GPS 这颗人造星座不仅用于军事目的，而且可供各种民用，如防止空中飞机相撞，帮助农民耕种，协助清除海洋油污，海洋救援、海洋探宝、工程测量、变形监测、地壳运动监测、低轨卫星定轨、航空救援甚至给高尔夫球击球员充当助手等。尤其在车载导航领域里，更有着不可替代的作用。

GPS 接收机的首创者查尔斯·特林布尔说，他和同事们开始研制 GPS 技术时，"我们完全确信这项技术将会改变人们的生活方式"。现在，这种变化正在发生。由于 GPS 技术所具有的全天候、高精度和自动测量的特点，作为先进的测量手段和新的生产力，已经融入了国民经济建设、国防建设和社会发展的各个应用领域。

深空通信技术

自从苏联于 1957 年发射世界上第一颗人造地球卫星，继之美国于 1958 年发射"探险者" 1 号卫星以来，宇航事业得到了迅速发展。美、苏等国发射了一系列深空探测器，对太空诸行星进行直接考察，取得了重大的科研成果，对揭开太阳系的奥秘作出了贡献。

在宇宙飞行中，一个占支配地位的，常常是致命的因素就是通信。可以说，没有通信的支持就根本谈不上宇宙飞行。事实上，在宇航史上不乏由于通信系统的故障而使飞行计划遭到失败的例子。例如，苏联在 1971 年 5 月 28 日发射的"火星" 5 号，装在宇航器上部密封舱内的着陆器已成功地在火星表面软着陆，然而在着陆 20 秒钟后却由于通信中断而使这次任务最后归于失败。

深空通信网地球站分布图

　　随着宇宙飞行从距离地球几十万千米的人造卫星发展到数亿千米的探测行星的深空探测器，通信的距离也相应延伸。人们把地面和宇航器之间的通信称为深空通信。

　　人们在深入研究深空通信特点的基础上，通过提高信号功率、降低噪声值和更有效地利用信噪比来提高通信能力。

　　那么，深空通信具有什么特点呢?

　　首先，深空通信的最大特点是通信距离远，而且是点对点的通信，即深空通信地面站和宇宙器之间的无中继远距离无线电通信。电波的传播损耗是与距离的平方成正比的。在行星探测器等超远距离飞行的情况下，为了克服巨大的传播损耗，确保在有限发射功率的情况下的可靠通信，必须采用在低信噪比下也能工作的通信方式。

　　其次，在深空通信中电波主要是在宇宙空间传播，和地面微波通信相比，传播条件是比较好的。

　　通信中的噪声除了通常的由于地面大气对电波的吸收而形成的等效噪声和热噪声之外，还有宇宙噪声。宇宙噪声是由射电星体、星间物质和太阳等产生的。其频率特性大致是在1吉赫以下时与频率的2.8次方成反比，1吉赫以上时与频率的平方成反比。而大气中氧气和水蒸气对电波的吸收在频率到10吉赫以上时逐渐增大，即增加了等效噪声。这样，总的外来噪声（在1吉赫~10吉赫）比较小，这一频率范围称为"电波窗口"。

　　第三，深空通信对传输频道的频带限制不严。由于通信距离远、信号功率有限，目前信息与速率的绝对值还低，所以可以充分地使用频带，这就给系统的码型和调制方式的选择带来了很大的灵活性。这一点不同于地面的有线通信和微波传输。

　　另外，由于宇航器电源供给受到限制，发射功率有限，所以促使人们采用效率高的PCM工作方式。

　　目前，深空通信采用了先进的调制技术、编码方案，接收机前端采用超低噪声放大器，提高天线面的精度，增大发射机功率。继采用改进编码PCM之后，又引入了链接码，发射机功率达20瓦以上，开始使用X波段，天线直径增大到3.6米。深空通信的距离已经延伸到10Au（天文单位，每Au为

1.496 × 10^8 千米）以上。

深空通信的基本任务有三项，即：遥测、指令和跟踪。

遥测任务主要是从宇航器到地面的信息传输。这些信息通常包括科学数据、工程数据和图像数据。

指令任务是从地面向宇航器传送信息。如命令宇航器完成某种特定动作，改变飞行姿态、路线等。

跟踪任务是为了获得宇航器的位置和速度、无线电传播媒介和太阳系特性的信息等。

蜂窝式移动通信

广义地说，移动通信是以船舶、汽车、火车、飞机以及行人等移动体为对象的通信，它包括移动体同固定点之间的通信、移动体同移动体之间的通信。

在 1895 年无线电发明后的大约 10 年，出现了船舶通信，那是最早的移动通信。陆上公用移动通信是在 20 世纪 40 年代后期（第二次世界大战以后）开始兴起的。大家知道，堪称"汽车王国"的美国在第二次世界大战以后私人汽车就已经相当多了，与此同时，电话也相当普及了。可是，当人们驾车行进在高速公路上时，纵有再紧急的事也无法同人通信，进行联络，这给"汽车王国"带来了莫大的烦恼。于是科学家们开始研究如何实现边开车、边通信，以便给人们解忧排难。

1946 年，在美国密苏里州的圣路易斯开通了世界上第一个汽车移动电话系统，为解除上述烦恼迈出了第一步。但是，这些早期的系统都是采用单区制，即在一个服务区设一个基站。由于设备庞大、昂贵，容量和服务范围有限，频率不敷使用等原因，这些系统远远满足不了日益增长的需求。

移动通信是靠电磁波传递信息的，电磁波通达的地方叫无线电覆盖区域。人们手持移动电话或其他移动通信工具，只要在这个区域内都可以进行通信。通常移动通信的无线电波覆盖区域和一个城市的大小一致。要覆盖这么宽广的面积，采用什么形状的覆盖区好呢？

无线电波是通过基台的天线向四周发射信号，覆盖区域是一个圆。随着使用移动电话的人不断增多，而频率资源有限。为了充分利用无线频率，解决"僧多粥少"的问题，美国贝尔实验室的通信专家提出了建立蜂窝式移动电话系统的建议。

将无线小区划分成蜂窝状，这种理念来源于人们在大自然中发现一个奇妙的现象：蜜蜂的窝是由许许多多正六边形的"小房"紧密地排列起来的。蜂窝的这种构造引起了科学家的注意。分析表明，正六边形占有空间最大，有效地利用了材料。

于是，人们将这种结构也应用到无线电覆盖区域上。无线电话的基地台采用的是全向天线，覆盖形状大体是一个圆。但因小区彼此邻接，用圆形小区进行排列，必然会产生较大的空隙或重叠。如果分别把同样大小的正方形、菱形、正三角形、正六边形等等，紧密地排列在平面上，你会发现，只有正六边形、正三角形和正方形，可以不产生空隙和重叠。实际上，每个小区有效覆盖区是一个圆内接多边形。如果小区选用正三角形的话，相邻两区之间重叠部分太大，正方形会好些，重叠最小的还是正六边形。

所以，选用正六边形可使无线电覆盖小区有效面积最大，覆盖同样面积的服务区域所需小区个数最少，这样可以节省建设投资，且只要对发射的无线电波的强度进行控制，使它限制在小区之内就行了。同时，在相邻的小区中，选用不同的频率进行通话，就可避免干扰。这样，相隔一定距离的小区中可以使用相同的频率，频率可以重复使用，从而解决了频率资源

站间距

蜂窝式移动通信网

不足的难题。因此在移动通信中，采用正六边形无线电小区相互邻接覆盖整个服务区是最优方案。

正六边形无线电覆盖区域的形状如同蜂窝，蜂窝式无线电小区和蜂窝式移动电话网便由此得名。

▶ 知识点

个人数字助理

个人数字助理简称 PDA（Personal Digital Assistant）一种手持式电子设备，具有电子计算机的某些功能，可以用来管理个人信息，也可以上网浏览，收发电子邮件等，一般不配备键盘，俗称掌上电脑。PDA 可使用户以无线方式发送和接收数据。由于现在可买到许多应用软件，PDA 已不仅仅是一种流动的电子秘书，也是一种股票顾问和通向全球的信息银行和通信的电子公路的IT 产品。尽管 PDA 通常被看做是掌上型计算机，但 PDA 在这一词语的真正意义上并不是计算机。一种更为贴近真实的解释是消费者也许在从掌上型机或PDA 中寻找台式计算能力。同时，PDA 还作为可提供双向信息交换的便携式移动个人信息装置。

移动电话与移动通信

在蜂窝通信的带动下，其他移动通信手段，如无线寻呼、无绳电话和移动卫星等系统也在蓬勃发展或正在兴起，并将携手一起奔向更高的目标——个人通信。

个人通信把传统的"服务到家"的通信方式变成"服务到人"，使任何人随时随地可以同任何地方的另一个人进行通信，不管通信的双方处于静止状态还是移动之中，都能利用分配给个人的号码完成通信。实现个人通信需要完成三个发展阶段，即终端个人化，逐步实现每个用户都有一部手持机，不论走到哪里都能打电话；传送个人化，通过个人号码把信息送到个人，同时把账也记在个人头上；服务个人化，按照个人的意愿来给用户提供服务，满足不同用户的需求。

移动通信卫星

我们知道，传统的微波中继通信和新兴的光纤通信都只能沿中继或光缆线路传输，不在沿线上的城市和乡村就利用不上。这两种通信手段更不能适应移动中用户通信的需要。通信卫星的天线波束覆盖在地球上是一个面（或者叫一个"蜂窝区"），凡在这个面里边的用户，无论是固定的还是移动的，原则上都可以通过卫星中转来相互通信。

现有的通信卫星基本上都采用地球静止轨道卫星，因为这种卫星离地面高，能覆盖地面的范围广，更主要的是它相对于地球保持静止，因而大大减少了卫星通信地球站的复杂性。目前正在轨道上工作的 200 多颗通信卫星，包括国内通信、区域通信和国际通信，基本上都属于固定通信，即为地球上的固定用户之间通信。

用静止轨道卫星实现移动通信特别是个人移动通信，需要解决三个技术上的难点：一是静止卫星离地面很高，与用户之间的距离达到 4 万千米，信号传递衰减很厉害。对于固定通信，地面通信站可以用直径几米，十几米甚至更大的天线，而移动通信地面设备必须便于携带，它的天线就不能做得很大。二是用户通过卫星与另一用户之间通信，信号往返一次需 0.6 秒钟，有比较明显的滞后效应，通话需加回声抑制器，使人感到不习惯。三是静止卫星位于地球赤道上空，从中、高纬度地区看，卫星的仰角较小，通信易受地形和建筑物的影响，效果变差。因此，卫星移动通信并没有在民用上广泛地应用。

随着移动电话的普及，移动通信业务的商业市场也变得越来越庞大，越来越诱人，为此，国际上许多卫星公司投资角逐，竞相发展全球个人移动通信卫星系统。

全球个人移动通信卫星系统由三部分组成：卫星星座（又叫卫星群）、地面控制管理中心和信关站、用户机。

卫星星座由若干颗卫星组成，它们能覆盖全球，卫星天线波束在地面形成连续的蜂窝覆盖区，使地球上每个用户在任何时候、任何地点，都能看到至少一颗卫星。

控制管理中心用于监视和管理卫星和星座的工作状态；信关站则用于管理通信业务，包括识别与验证用户、接通电路、与公共电话网接口以及记录通话时间，计算话费等事项。

用户机可以是个人用的手持机，也可以是装载在车、船、飞机上的便携式通信机。

争夺卫星移动通信市场已成为当前国际卫星通信发展的一个焦点。许多卫星公司纷纷提出各自的全球卫星移动通信系统方案。为了克服地球静止轨道卫星移动通信所存在的难点，大多数公司提出了近地（低）轨道移动通信卫星系统或中高轨道移动通信卫星系统的方案。

低轨道移动通信卫星系统又分为两类：一类只传送低速数据和定位信息，称之为"小低轨"卫星系统；另一类除传送高速数据和定位信息外，还提供话音、寻呼、留言等业务，称之为"大低轨"卫星系统。根据其提供的业务不同，准备采用的通信频段也不同。

"小低轨"卫星系统采用1吉赫以下的极高频（UHF）频段；"大低轨"卫星系统采用1吉赫以上的 L 或 S 频段。有些卫星系统，卫星与卫星之间可直接传输信息称之为"星间链路"。

低轨道卫星系统最大的优点是卫星离地面近，只有1000千米左右，卫星的发射功率可大大降低，通信天线的尺寸也可大为缩小；通信产生的延时可以忽略。但是，事物总是一分为二，有利即有弊，低轨道系统的卫星星座要求卫星的数量多。轨道高度越低，卫星数目就越多；由于卫星相对于地面不再保持静止，就要解决地面控制管理中心和信关站同时对多颗卫星保持跟踪和测控的问题；有的还要实现星间链路的技术。

3G 与蓝牙

3G

　　3G 是英文 The 3rd Generation 的缩写，指第三代移动通信技术。也是指支持高速数据传输的蜂窝移动通讯技术。3G 服务能够同时传送声音（通话）及数据信息（电子邮件、即时通信等）。代表特征是提供高速数据业务。

　　相对第一代模拟制式手机（1G）和第二代 GSM、CDMA 等数字手机（2G），第三代手机（3G）一般地讲，是指将无线通信与国际互联网等多媒体通信相结合的新一代移动通信系统。

能够视频通话的 3G 手机

　　3G 与 2G 的主要区别是在传输声音和数据的速度上的提升，它能够在全球范围内更好地实现无线漫游，并处理图像、音乐、视频流等多种媒体形式，提供包括网页浏览、电话会议、电子商务等多种信息服务，同时也要考虑与已有第二代系统的良好兼容性。为了提供这种服务，无线网络必须能够支持不同的数据传输速度，也就是说在室内、室外和行车的环境中能够分别支持至少 2Mbps（兆比特/每秒）、384kbps（千比特/每秒）以及 144kbps（千比特/每秒）的传输速度。

　　3G 是第三代通信网络，目前国内不支持除 GSM 和 CDMA 以外的网络，GSM 设备采用的是频分多址，而 CDMA 使用码分扩频技术，先进功率和话音激活至少可提供大于 3 倍 GSM 网络容量，业界将 CDMA 技术作为 3G 的主流技术，国际电联确定 3 个无线接口标准，它们分别是 WCDMA（欧洲版）、

CDMA2000（美国版）和 TD – SCDMA（中国版）。3G 主要特征是可提供移动宽带多媒体业务。

W – CDMA 也称为 WCDMA，全称为 Wideband CDMA，也称为 CDMA Direct Spread，意为宽频分码多重存取，这是基于 GSM 网发展出来的 3G 技术规范，是欧洲提出的宽带 CDMA 技术，它与日本提出的宽带 CDMA 技术基本相同，目前正在进一步融合。W – CDMA 的支持者主要是以 GSM 系统为主的欧洲厂商，日本公司也或多或少参与其中，包括欧美的爱立信、阿尔卡特、诺基亚、朗讯、北电，以及日本的 NTT、富士通、夏普等厂商。该标准提出了 GSM(2G)—GPRS—EDGE—WCDMA(3G) 的演进策略。这套系统能够架设在现有的 GSM 网络上，对于系统提供商而言可以较轻易地过渡。预计在 GSM 系统相当普及的亚洲，对这套新技术的接受度会相当高。因此 W – CDMA 具有先天的市场优势。

CDMA2000 是由窄带 CDMA（CDMA IS95）技术发展而来的宽带 CDMA 技术，也称为 CDMA Multi-Carrier，它是由美国高通北美公司为主导提出，摩托罗拉、Lucent 和后来加入的韩国三星都有参与，韩国现在成为该标准的主导者。这套系统是从窄频 CDMAOne 数字标准衍生出来的，可以从原有的 CDMAOne 结构直接升级到 3G，建设成本低廉。但目前使用 CDMA 的地区只有日、韩和北美，所以 CDMA2000 的支持者不如 W – CDMA 多。不过 CDMA2000 的研发技术却是目前各标准中进度最快的，许多 3G 手机已经率先面世。该标准提出了从 CDMA IS95（2G）—CDMA20001×—CDMA20003x（3G）的演进策略。CDMA20001× 被称为 2.5 代移动通信技术。CDMA20003× 与 CDMA20001× 的主要区别在于应用了多路载波技术，通过采用三载波使带宽提高。目前中国电信正在采用这一方案向 3G 过渡，并已建成了 CDMA IS95 网络。

TD – SCDMA 全称为 Time Division-Synchronous CDMA（时分同步 CDMA），该标准是由中国大陆独自制定的 3G 标准，1999 年 6 月 29 日，中国原邮电部电信科学技术研究院（大唐电信）向 ITU 提出，但技术发明始祖于西门子公司，TD – SCDMA 具有辐射低的特点，被誉为绿色 3G。该标准将智能无线、同步 CDMA 和软件无线电等当今国际领先技术融于其中，在频谱利用率、对业务支持具有灵活性、频率灵活性及成本等方面的独特优势。另外，由于中国的庞大的市场，该标准受到各大主要电信设备厂商的重视，全球一半以上的设备厂商都宣布可以支持 TD－SCDMA 标准。该标准提出不经过 2.5 代的中间环节，直接向 3G 过渡，非常适用于 GSM 系统向 3G 升级。军用通信网也是 TD－SCDMA 的核心任务。

中国最先普及的 3G 应用是"无线宽带上网"，六亿的手机用户随时随地手机上网。而无线互联网的流媒体业务将逐渐成为主导。3G 的核心应用包括：宽带上网、视频通话、手机电视、无线搜索、手机音乐、手机购物、手机网游等。

在中国，3G 得到了有关部门的充分重视并得到了快速发展。距离国务院常务会议研究同意启动 3G 牌照仅 1 周，工业与信息化部就迅速向三大运营商发放了 3G 牌照。工业和信息化部宣布，批准中国移动通信集团公司增加基于 TD－SCDMA 技术制式的 3G 业务经营许可，中国电信集团公司增加基于 CDMA2000 技术制式的 3G 业务经营许可，中国联合网络通信集团公司增加基于 WCDMA 技术制式的 3G 业务经营许可。

对于运营商来说，3G 牌照发放意味着新一轮市场角逐的开始；对于设备商来说，这意味着 3 年至少 2800 亿元的投资大蛋糕摆在了面前；而对于用户来说，3G 意味着手机上网带宽飙升，资费越降越低。

蓝 牙

所谓蓝牙（Bluetooth）技术，实际上是一种短距离无线电技术。利用"蓝牙"技术，能够有效地简化掌上电脑、笔记本电脑和移动电话手机等移动通信终端设备之间的通信，也能够成功地简化以上这些设备与因特网 Internet 之间的通信，从而使这些现代通信设备与因特网之间的数据传输变得更加迅速高效，为无线通信拓宽道路。蓝牙采用分散式网络结构以及快跳频和短包技术，支持点对点及点对多点通信，工作在全球通用的 2.4 吉赫 ISM（即工业、科学、医学）频段。其数据速率为 1Mbps（兆比特/每秒）。采用时分双工传输方案实现全双工传输。

蓝牙的创始人是瑞典爱立信公司，爱立信早在 1994 年就已进行研发。

1997 年，爱立信与其他设备生产商联系，并激发了他们对该项技术的浓厚兴趣。1998 年 2 月，五个跨国大公司，包括爱立信、诺基亚、IBM、东芝及 Intel 组成了一个特殊兴趣小组（SIG），他们共同的目标是建立一个全球性的小范围无线通信技术，即现在的蓝牙。

蓝牙的名字来源于 10 世纪丹麦国王 Harald Blatand——英译为 Harold Bluetooth（因为他十分喜欢吃蓝梅，所以牙齿每天都带着蓝色）。在行业协

蓝 牙

会筹备阶段，需要一个极具表现力的名字来命名这项高新技术。行业组织人员，在经过一夜关于欧洲历史和未来无限技术发展的讨论后，有些人认为用 Blatand 国王的名字命名再合适不过了。Blatand 国王将现在的挪威，瑞典和丹麦统一起来；他的口齿伶俐，善于交际，就如同这项即将面世的技术，技术将被定义为允许不同工业领域之间的协调工作，保持着各个系统领域之间的良好交流，例如计算、手机和汽车行业之间的工作。名字于是就这么定下来了。

Bluetooth 无线技术规格供我们全球的成员公司免费使用。许多行业的制造商都积极地在其产品中实施此技术，以减少使用零乱的电线，实现无缝连接、流传输立体声，传输数据或进行语音通信。Bluetooth 技术在 2.4 吉赫波段运行，该波段是一种无需申请许可证的工业、科技、医学（ISM）无线电波段。正因如此，使用 Bluetooth 技术不需要支付任何费用。

短信与彩信

短信是伴随数字移动通信系统而产生的一种电信业务，通过移动通信系

统的信令信道和信令网，传送文字或数字短信息，属于一种非实时的、非语音的数据通信业务。

短信可以由移动通信终端（手机）始发，也可由移动网络运营商的短信平台服务器始发，还可由与移动运营商短信平台互联的网络业务提供商 SP（包括 ICP、ISP 等）始发。

从实现短信业务功能的技术手段而言，通过手机终端发送和接收点对点消息虽然占据主流地位，但并非唯一形式，固定电话、小灵通以及互联网正在成为新的工具和载体。

在短信业务发展之初，短信的发送和接收是手机开始，最终到手机，中间经过 GSM 网/CDMA 网、短信中心等网络要素；随着短信点播及定制业务的出现，手机和互联网站、短信增值业务系统可以互相发送短信，互联网站和短信增值业务系统成为新的网络要素，GSM/CDMA 网、短信中心仍保持着短信网络核心地位；随着以固定电话网为基础的"小灵通"手机在中国出现，短信业务扩展到固定网，终端不再局限于手机，小灵通手机或特殊固定终端都可以成为短信的发送和接收方，网络基础也不再局限于 GSM/CDMA 网等数字移动网，固定网也可以成为短信的网络基础，短信网络要素发生了显著变化。

伴随着短信从手机扩展到小灵通及固定终端、从数字移动通信网扩展到固定电话网，人们对短信的认识也不再仅看做是数字手机的"专利"，业务形态在改变、网络要素在变化、信息内容在丰富，这一过程中始终不变的只有两点：

一是短信的信息长度，始终是不超过 160 个英文或数字字符，或 70 个汉字，这与短信基于通信系统的信令网传送内容的机制密切相关。二是短信传递的方式——存储转发，当用户无法接收时，短信不会丢失，暂时存放在短信中心，当用户重新登录进网的时候，短信会迅速递交到用户手机上。

这些与生俱来的特点，使短信具备了传递准确可靠、迅速及时的优点，使短信具备了影响人们的习惯的基本条件！

短信作为手机上的一种业务，让本来具有语言传递功能的手机变成了电报式的解读工具，让耳朵闲置，让文字彰显更大的作用；短信作为用文字传递信息和沟通的一种方式，让拇指灵敏发达起来，让嘴巴休息，现代电信的业务具有了技术和文化的双重色彩。

1992年，世界上第一条短信在英国沃达丰的网络上通过电脑向手机发送成功，从而宣布手机短信诞生。至于中国的第一条短信诞生于何时何地已无从知晓，但据考证，中国的移动通信网络早在1994年就具备了短信功能，只是那时有手机的人根本不需要它罢了。随着手机的日益普及，从1998年开始，移动、联通先后大范围拓展短信业务：2000年，中国手机短信息量突破10亿条；2001年，达到189亿条；2004年，数字飞涨到900亿条。于是短信理所应当地成为了第五种传播工具，"信生活"的提法也因此诞生；于是从1998年至今，数年的时间里，不管你愿意与否，短信已逐渐走入我们的生活，成为生活的一部分，我们的生活也因短信而改变着。

彩信的英文名是MMS，它是Multimedia Messaging Service的缩写，意为多媒体信息服务，通常又称为彩信。它最大的特色就是支持多媒体功能，能够传递功能全面的内容和信息，这些信息包括文字、图像、声音、数据等各种多媒体格式的信息。

彩信在技术上实际并不是一种短信，而是在GPRS网络的支持下，以WAP无线应用协议为载体传送图片、声音和文字等信息。彩信业务可实现即时的手机端到端、手机终端到互联网或互联网到手机终端的多媒体信息传送。

信息化生活
XINXIHUA SHENGHUO

　　在人们的生活中，信息化正在由专业术语演变为大众用语；在世人观念里，人们对生活的看法也在经历着由进步而激发的大震荡，整个社会体系采用先进的信息技术，建立各种信息网络，大力开发有关人们日常生活的信息内容，丰富人们的精神生活，拓展人们的活动时空。由此新一轮信息技术革命，尤其是以信息高速公路为代表的互联网络的出现，则基本上消除了跨时空沟通的障碍，使人类沟通发生着一场深刻的革命，也使人类生活空间大大地扩展了。人类生活观是个人和社会生活的内在基础，正是人们不断演进的新生活观，为社会发展注入了源源不断的活力，人们对于高信息生活方式的主观要求会自动地产生并膨胀，并最终演进为与信息文明相协调的生活观。

电话与信息化

载波电话

　　我们知道，建立一条长途电话线路的投资是惊人的，别的且不说，光所需的铜就要十几吨。在这样一条昂贵的长途线路上，如果每一对电缆线只通一路电话，这就有些太浪费了。但如果把几个人的声音同时送上同一条电话线路，那么它们相互之间就会相互干扰，让收听者无法分辨。这个问题困扰了人们很长时间，直到1918年，载波电话在美国研制成功，在一条线路上同时可通多路电话的梦想才变成了现实。

载波电话是如何解决这个问题的呢？打个比方，就像我们把声音频率在发送端分别移动到高低不等的频率上，再把它们送上电话线路进行传输，这样一来，几种声音就能在一条电话线路上各行其道，互不影响了。等到达对方后，接收端再把所需的话音信号从载波频率上卸载下来，恢复原貌，送给受话人。在这个过程中，话音信号是经过几次变化才到达对方的，通话的双方根本感觉不到，就和打普通电话一样。

另外，就像火车在铁路线上奔驰会受到摩擦力和空气阻力作用一样，电话信号在长途线路上传输时，也会遇到阻力，能量不断消耗，信号变得越来越弱。为了能使信号不减弱，人们就在长途载波通信线路上，每隔一定距离设一个增音机，用来增强减弱的信号，以完成长途通话任务。

电话线材料不同，载波电话的传输距离和通话路数不尽相同。比如，铁

载波电话机

线只能传输12路电话，而同轴电缆最多可以开通4380路电话。

载波电话的发明，大大提高了线路的利用率，节省了投资。由于传输时对话音信号进行了变换，因此载波电话保密性好，不易窃听。在20世纪50年代以后，各国广泛采用载波电话进行长途通信。我国的载波长途通信网络早已通达全国各个省市，边远地区、通信线路少的农村也都开放了载波电话。

但是，载波电话是模拟通信，随着通信技术的发展，特别是数字通信的出现，载波通信将逐渐被光纤通信取代。

数字电话

平常我们使用的普通电话，是将声音经过送话筒变成电信号传送出去的，这种电信号时刻模仿我们说话的声音，随着声音的变化而连续变化，所以叫"模拟信号"。传送模拟信号的话机，被称作"模拟电话机"。模拟信号在电话线上传输，不断受到外界干扰，而且通信距离愈远，杂音干扰愈多，失真也就愈严重。用模拟电话来通话，保密性也较差。在电话线上，只要接上一部话机，便可知道双方通话的内容。而数字电话则是将模拟话音信号进行编码，然后再变成数字信号。数字信号就像拍发电报时"嘀嘀嗒嗒"的电报信号，是一些毫无规则又不连续的电脉冲。所以数字电话

数字电话

具有防盗打和保密功能；而且数字信号抗干扰能力特别强，使得话音信号更加清晰。

数字电话具有许多模拟电话不可比拟的优点，例如：它在通话的同时，可向对方传送一些简短的文字信息，或者连接电脑上网访问。数字电话具有主叫号码显示功能；可以在来电响铃期间，在液晶显示屏上显示对方的电话号码。这样，用户可以见"机"行事，既可从容地接听重要电话，也可将非重要的电话转入语音信箱。数字电话还可以当做电子笔记本使用。用户可将50～100个电话号码和姓名存入话机中，还可直接按姓名或电话号码拨号。数字电话是靠电脑控制的，它会帮你自动存储和记录打进打出的电话，它还能让主人设置日期和时间，它有十种不同的振铃音可供选择，并可向对方发送

中/英文短信息。它还有免提通话、重拨号码、快速拨号、呼叫转移、三方通话、会议电话等多种功能。

随着电话网络的数字化，数字电话通信的优点日益突出，可以说，越来越多的人会喜爱数字电话。

程控电话

随着科学技术的不断进步，电话领域也得到了较快的发展。1965年，美国成功研制了世界上第一部用电子计算机控制的电话交换机。它采用电子计算机作为中央控制设备，把各种控制功能、步骤、方法，预先编好程序插入到控制设备的存储器中，利用这些程序软件来控制电话的交换、接续工作。这种控制方式叫"存储程序控制"，简称"程控"。用程控交换机连接的电话机，称为"程控自动电话"，简称"程控电话"。

早期的电话系统中使用的是人工交换机，只要电话机一摘机，交换机上的灯就亮，接线员帮助呼叫、转接、使双方通话。一个接线员管几十门电话非常忙，稍不注意就会出错。随着科学技术的发展，出现了自动交换机，拨动电话号码后，不用接线员，交换机就能自动将电话接通。自动交换机可控制电话达上万门甚至数十万门，具有速度快、质量可靠、声音清晰的优点。

程控电话交换机和操作台

程控电话交换机使电话网实现了智能化，使电话机能按人的旨意行事，并可实现许多先进的功能。比如说，它能存储电话号码及自动进行拨号。如果电话一时未接通，你不必花时间重新拨号，按一下重拨键，命令计算机自动重拨。如果你外出，在这期间有人打来电话，程控电话会按照你事先设定的号码，遵照你的"指令"，将打入的电话自动接到你所在的话机上，这样你就不会错过任何一个电话了。

打电话，对方占线是常有的事，程控电话的"遇忙回叫"可以解除你的烦恼。当对方占线时，你拨一下功能码，挂机等候，一旦对方电话空闲下来，就能自动回叫接通。

程控电话还有免打扰服务、限制呼叫、叫醒服务、三方通话、会议电话、追查恶意电话等先进功能。

程控电话交换机具有接续速度快、接通率高、话音清晰、保密性强等许多优点，可以为用户提供十几至几百种通信业务。程控交换机还能自动对系统的运转状况进行监视，对机器故障进行诊断和检测，日常维护也比较方便。

磁卡电话

磁卡电话是一种用磁卡控制通话并付费的公用电话，是计算机技术、电子识别技术、电磁记忆技术和通信技术相结合的高科技产物。它由电话部分、控制部分和读卡器三部分构成。前面板均具有显示窗，用来提示操作，显示磁卡余额、所拨电话号码及话费计取等多种信息。磁卡电话出现于20世纪70年代后期。到1991年底，世界上已有100多个国家和地区开办了磁卡电话业务。

磁卡电话

磁卡电话所用的磁卡好像银行里的存折，在打电话前，将磁卡插入电话机，电子控制线路就对磁卡上记录的可打电话次数进行核对。如通话次数有余，电脑就把剩余的通话次数显示出来，一面接通通话线路。在通话的过程中，如果磁卡上的剩余通话次数将要用完，电话机便在切断通话前的10秒钟发出促催音，并同时发出闪递信号，提醒打电话的人。通话完毕后，电脑将磁卡标出本次使用的剩余通话次数，并退还给打电话的人。

磁卡电话机的计费信号由交换机提供，从被叫用户摘机开始计费。本身具有储存费率表的磁卡电话机靠交换机送来的反极性脉冲启动计费。另外，也可以接收交换机送来的计费脉冲，按交换局费率表计费。

1987 年，我国在广州举办第 6 届全国运动会期间，开办了最早的磁卡电话业务，北京于 1988 年 9 月开办磁卡电话业务。之后，磁卡电话如同雨后春笋般出现在大江南北各个城市中，并成为公用电话的重要组成部分。

投币式电话，是在使用时将规定数量的硬币投入话机，然后拨号后即可与对方通话。这种电话里的电子线路连着一个电源开关叫继电器，它是依靠硬币的重量引起电信号变化来打开的。只有通话人投入的硬币合适，电话机的电源才能接通，并在同时启动定时装置，如到规定时间，电话会自动关闭。因此，在规定的通话时间快到时，通话人如还有话未讲完，必须再投入硬币，才能连续通话。

可视电话

可视电话业务是一种点到点的视频通信业务，它能利用电话网双向实时传输通话双方的图像和语音信号。可视性电话在通话时，不仅能使双方听到彼此的声音，而且还能看到彼此的形象。它是电视技术和电话通信相结合的产物。可视电话与电视广播有相似之处，都是将活动的图像信息传送到远处。可视电话一般由三个部分组成：电话机、电视摄像机、监视器。电话接通之后，安置在监视器顶部的小型摄像机便开始工作，摄取通话人的特写镜头传给对方，监视器也出现对方的形象，可视电话传送的画面往往只是对话者的面容或者一般静止图像，

可视电话

所以，可以每隔半分钟传送一幅画面，有如幻灯那样一幅一幅地变化图像，也被称作慢扫描可视电话。因它所占用的电话线路少，使用十分经济，适用于电话会议，既闻其声，又见其人，还可展示文件、实物、图表等物。这种设备简单的图像通信，和彩电一样，已开始跨入了现代化家庭设备的行列。

可视电话从概念提出到投放市场，经历了一段曲折的路程。早在20世纪五六十年代就有人提出可视电话的概念，认为应该利用电话线传输语音的同时传输图像。1964年，美国贝尔实验室正式提出可视电话的相关方案。但是，由于传统网络和通信技术条件的限制，可视电话一直没有取得实质性进展。直到80年代后期，随着芯片技术、传输技术、数字通信、视频编解码技术和集成电路技术不断发展并日趋成熟，适合商用和民用的可视电话才得以浮出水面，走向人们的视野。

编解码芯片技术是可视电话发展的关键，没有核心编解码芯片，可视电话只能是天方夜谭。语音和图像在传输时，必须经过压缩编码——解码的过程，而芯片正是承担着编码解码的重任，只有芯片在输出端将语音和图像压缩并编译成适合通讯线路传输的特殊代码，同时在接收端将特殊代码转化成人们能理解的声音和图像，才能构成完整的传输过程，让通话双方实现声情并茂的交流。

可视电话的通信质量受到传输线路的影响。传统的电话线是普通的双绞线，主要用来传输语音，视频音频同时传输时，其传输速率仅能达到33.6K，所以在普通电话线的支持下，不能传输清晰连贯的图像。

另外，虽然有厂家推出可视电话，但由于他们各自为政，没有统一的行业标准，各种可视电话不能互通，可视电话市场的拓展受到很大的影响。

正因为技术、线路和行业管理等方面存在问题，所以造成了可视电话几十年仍远离用户，市场没有起色。

近年来，可视电话在发达国家发展迅速。随着1996年国际电信联盟PSTN多媒体可视电话国际标准ITU－IH.324标准的公布，符合该标准的可视电话在美国、日本、德国纷纷开发出来并很快进入居民家庭；在国内虽受多种因素制约，可视电话一时难以普及，但在一些政府部门、企业、团体的使用率在逐渐提高。价格相对低廉的可视电话也在加紧开发研制之中，并取得了显著成果。

无绳电话

是一种自动电话单机。这种电话单机由主机和副机两部分组成。使用时，将主机接入有线电话网，用户可离开主机几十米远，利用副机收听和拨叫电话。这种电话单机的主机与副机之间是通过无线电连接的，其间通话内容都将暴露于空中，如使用不慎，会造成空中泄密。所以使用时要充分注意。

无绳电话

无绳电话机实质上是全双工无线电台与有线市话系统及逻辑控制电路的有机组合，它能在有效的场强空间内通过无线电波媒介，实现副机与座机之间的"无绳"联系。最常见的是全模拟制的无绳电话机。简单地说，无绳电话机就是将电话机的机身与手柄分离成为主机（母机）与副机（子机）两部分，主机与市话网用户电话线连接，副机通过无线电信道与主机保持通信，不受传统电话机手柄话绳的限制。

网络电话

网络电话，就是通过数据网络传送语音的系统。由于所用的通常是互联网，而互联网又使用 IP 标准，所以网络电话又叫 IP 电话。

最初的网络电话是通过用户的计算机实现的。发话方将语音通过话筒输入计算机，计算机将其数字化后，通过所联结的网络送给受话方的计算机，再还原成语音播放出来。后来的商业性网络电话，则通过"网关"实现。网关是专用的计算机系统，作为普通电话与互联网之间的接口。使用网络电话时，用户通过普通市内电话与附近的网关相连。网关之间则使用互联网传送数字化的语音。只要提供了受话方的电话号码，发话方所连接的网关就能自动找到受话方当地的网关，建立起联系，并由受话方网关通过市内电话呼叫受话方，最后接通电话。网关是标准化的，不同提供商可以相互连接，服务更多用户。用户则不需要附加设备，就可以使用互联网来代替长途电话网打长途电话。

网络电话

网络电话与传统电话有着很大的区别。我们在打电话时，当电话接通后，电话网上就保留了从甲地到乙地的一条通道。即使我们不说话，别人也不能使用这部分网络容量。不管整个网络多么繁忙，我们只要接通了，通话质量就不会受影响。这种连接方式叫电路交换。而在互联网中，数据被分成一个个分组（包），每个分组被独立地在网中传送，并与来自其他用户的分组分享网络容量。这叫分组交换。这种传送方式与寄送信件类似。如果同时从甲地向乙地发出数封信，那么每封信的到达时间、途经的中转站都可能不同。在邮局总负荷过重时，信件就有可能被延误或丢失。

网络电话使用互联网。通话时，双方通常都有一半时间是静默的，这期间网络就不需要为某一方传送数据。再加上数字化的语音压缩技术，可将数据量减少到普通电话的 1/10 以下。因此，用网络电话通话，每个用户所需的容量较小。但是因为没有预先保留通道，在线路繁忙时会发生话音延迟，出现话音断断续续的现象。如果对语音进行了压缩，还会影响通话质量。网络电话不像普通电话那样有普遍的标准，它的质量在很大程度上因地、因时而异。

除了以上因素外，目前网络电话流行的主要原因是，比长途电话业低廉的话费。但从长远看，网络电话最大的潜力在于提供多点连接、数据和语音结合等普通电话不能提供的服务。总之，网络电话被认为是对传统电话业务的一项颠覆性替代业务。

会议电话

在日常工作中，人们经常要召开各式各样的会议。尤其是遇到与会人员不在同一地点的情况，组织会议的人员，往往要提前十几天做准备工作。参加会议的人，旅途往返，十分辛苦。于是，利用"会议电话"来召开会议就应运而生了。

把不同地点的多个用户，通过长途电话线路、市内电话线路或通到农村的电话线路连接起来，利用电话召开会议，这种电话业务叫"会议电话"。用电话召开的会议称为"电话会议"。目前邮电部门有专用的电话会议室，政府部门或一些大的机关也有自己的电话会议室或会议电话，供召开电话会议或参加会议的人员使用。我国可以召开从中央到各省、市、县，直至乡镇的全国性电话会议，各部门各单位也可以召开中小型电话会议。

召开长途电话会议，要在会议主席所在地设有会议电话汇接机，各地的分会场设有会议电话。

电话汇接机是由电脑控制的，它将各地会议电话与之连接，以便传送主会场的会议信息。各地参会人员的发言是受会议主席和值机员控制的，参会者的发言请求，通过值机员转告主席，只有得到主席的允许，值机员才能接通电路，发言才能被各地参会人员听到。这是为了防止各地会场的杂音进入会议电路，保证会议电话音质清晰。会议电话还装有话筒、收发放大电路，便于多人发言和收听，同时还可以配有录音机，便于备案存档。

另外，一些程控交换机也有会议电话功能。一些公司也常常利用公司内部的程控交换机，来组织召开电话会议。一般情况下，话务员根据会议通知，通过话务台将各个参加会议人员的电话分机接入电话会议。

会议电话不仅提高了人们的工作效率，而且节省了旅费和时间，所以深受许多机关、企业的欢迎。

集团电话

如今，电话已经相当普及，办公室里几乎都装有电话。据统计，人们在处理日常工作时，更多的只是内部联络，商谈工作。如果全部使用外线电话，既不方便，又要付较多的电话费。于是，将这些内部办公电话有效地连接起来，方便人们办公，而又不致占用更多的外线的集团电话就诞生了，它特别适合于人数不多的机关、学校和公司使用。

集团电话是一种小型电话交换机，它由微电脑控制，不需话务员转接电话，是一种先进的办公用电话系统。它的话机有一组特殊的呼叫键，好像组成了一个通信集团，"集团电话"由此得名。集团电话可以将 5~6 部内线电话连接起来，共用一条外线，或者按 8 比 2、12 比 3 的配置连接内外线电话。人们只要通过一部电话主机，就可以方便灵活地按办公电话的要求，进行软件编程，设置各种功能。当外线打入时，集团电话可以自动帮你接入所需分机，无人接听时，系统内的电脑会告诉你主人的留言。

集团电话交换机

集团电话机与普通电话机也有所区别，它除了与普通电话机共有号码按键外，还有许多显示线路状态和设置功能的按键。每部电话机都可以方便地接转外线打来的电话，并可监视外线使用情况。当你需要使用外线电话时，按下相应的空闲外线键，就可打出外线电话。内线电话和外线电话是相互保密的，所以决不会相互干扰。

集团电话和程控电话一样，有许多先进功能和独特功能，比如呼叫转移、遇忙回叫、自动重拨、免打扰、内部通话、外线预约、免提话筒、电话会议和秘书电话等。

集团电话系统还可以和许多其他办公设备相连接。有了它，就像聘请了一位聪明能干的小秘书，它不仅能为人们自动接转电话，还能收发传真、上网发送电子邮件、传达留言，甚至能够通过门控电话来迎送来访的客人。

如今，集团电话已经广泛应用于许多中小企业、机关、学校和写字楼中，集团电话也被称为办公室里的"秘书电话"。

···➤ 知识点

专用网络

专用网络是两个企业间的专线连接，这种连接是两个企业的内部网之间的物理连接。专线是两点之间永久的专用电话线连接。和一般的拨号连接不同，专线是一直连通的。这种连接的最大优点就是安全。除了这两个合法连入专用网络的企业，其他任何人和企业都不能进入该网络。所以，专用网络保证了信息流的安全性和完整性。专用网络的最大缺陷是成本太高，因为专线非常昂贵。每对想要专用网络的企业都需要一条独立的专用（电话）线把它们连到一起。

手机与信息化

移动电话

移动电话，通常称为手机，日本及中国港台地区通常称为手提电话、手电、携带电话，是可以在较广范围内使用的便携式电话终端。

与移动通信技术相对应，移动电话也经历了三个发展阶段。

第一代是模拟的移动电话，也就是在 20 世纪八九十年代香港、美国等影视作品中出现的大哥大。最先研制出大哥大的是美国摩托罗拉公司的 CoopER 博士。由于当时的电池容量限制和模拟调制技术需要硕大的天线和集成电路的发展状况等等制约，这种手机外表四四方方，只能成为可移动算不上便携。很多人称呼这种手机为"砖头"或是黑金刚等。这种手机有多种制式，如

NMT、AMPS、TACS，但是基本上使用频分复用方式只能进行语音通信，收讯效果不稳定，且保密性不足，无线带宽利用不充分。此种手机类似于简单的无线电双工电台，通话是锁定在一定频率，所以使用可调频电台就可以窃听通话。

目前在全球范围内使用最广的是所谓的第二代移动电话，通常这些移动电话使用PHS，GSM或者CDMA这些十分成熟的标准，具有稳定的通话质量和合适的待机时间。它

移动电话

以GSM制式和CDMA为主。它们都是数字制式的，除了可以进行语音通信以外，还可以收发短信（短消息、SMS）、MMS（彩信、多媒体短信）、无线应用协议（WAP），以及各式各样的Java程序等。在中国大陆及台湾地区以GSM最为普及，CDMA和小灵通（PHS）手机也很流行。

一般地讲，相对第一代模拟制式移动电话和第二代GSM、CDMA等数字移动电话，第三代移动电话与它们的区别是在传输声音和数据的速度上的提升，它能够处理图像、音乐、视频流等多种媒体形式，提供包括网页浏览、电话会议、电子商务等多种信息服务。目前，国际上3G移动电话有三种制式标准：欧洲的WCDMA标准、美国的CDMA2000标准和由我国科学家提出的TD–SCDMA标准。

从手机的外在类型上来说，它主要分为折叠式（单屏、双屏）、直立式、滑盖式、旋转式等几类。

折叠式手机是指手机为翻盖式，要翻开盖才可见到主显示屏或按键，且只有一个屏幕，因此这种手机被称为单屏翻盖手机。市场上还推出了双屏翻盖手机，即在翻盖上有另一个副显示屏，这个屏幕通常不大，一般能显示时间、信号、电池、来电号码等功能。

直立式手机就是指手机屏幕和按键在同一平面，手机无翻盖。直立式手机的特点主要是可以直接看到屏幕上所显示的内容。

滑盖式手机主要是指手机要通过抽拉才能见到全部机身。有些机型就是通过滑动下盖才能看到按键；而另一些则是通过上拉屏幕部分才能看到键盘。从某种程度上说，滑盖式手机是翻盖式手机的一种延伸及创新。

旋转式和滑盖式差不多，最主要的是在180°旋转后看到键盘。

小灵通

小灵通（PHS）的出现，使传统意义上的固定电话不再固定，可在无线网络覆盖范围内自由移动使用，随时随地接听、拨打本地和国内、国际电话。

小灵通（PHS）无线市话技术源自日本，当年为了拯救景况不佳的固定电话业务，日本试验了一种被称作PHS的无线本地环路（WLL）技术，不过，它并没有在日本市场上取得太大的成功。在经过一系列的改进之后，美国UT斯达康公司将该技术引入我国。从1997年12月小灵通首次在杭州余杭开通试用，到后来在全国遍地开花，小灵通经历了一个曲折的过程。但归纳起来，小灵通在中国的发展大致分为三个阶段：1996～1997年为技术准备期；1998～2000年为技术引入期；2001～2006年为市场发展期。

1998年1月浙江余杭区正式开通小灵通，实行单向收费，月租费20元，资费每分钟0.2元，标志着小灵通正式进入我国市场。2000年6月，原信息产业部下发通知，将小灵通定位为"固定电话的补充和延伸"，这标志着限制小灵通发展的政策有所松动。2002年8月，小灵通在全国200多个地、市开通，系统网络容量达1100多万线，网上用户数超过600万。2003年3月，小灵通在北京怀柔区放号，正式冲破"禁止在京、津、沪、穗发展小

小灵通

走进信息化时代
ZOUJIN XINXIHUA SHIDAI

灵通业务"的政策限制。同年9月，UT斯达康宣布中国UT斯达康小灵通用户人数突破1500万大关。2004年2月，小灵通攻克最后一座大城市，正式进入上海市区。2006年10月，据信息产业部统计，截至2006年8月底，中国小灵通用户达到9300万，海外小灵通用户超过700万，全球范围内的小灵通用户已经突破1亿。2007年8月，小灵通终端充电器及接口也开始执行新的统一标准，小灵通充电器将可以和手机互通。

2007年11月，信息产业部近日在公布我国最新电话用户数据时透露，小灵通用户大量减少，十个月减少250万户。2008年5月，我国小灵通用户已经跌破8000万，小灵通在移动资费的直线下调中防线崩溃。2008年10月，工业和信息化部无线电管理局有关领导表示，小灵通所用1900～1920兆赫频段今后将用于TD－SCDMA的使用。2009年1月，中国联通在公布2008年业绩预告时披露，将小灵通列入贬值资产。

2009年2月，工信部经统计后宣布，截至2008年年底，全国小灵通用户数已跌破7000万户大关。同时还给中国电信、中国联通下发相关文件，要求其在2011年前将妥善完成小灵通退市的相关工作，以确保不对1880～1900兆赫频段TD－SCDMA系统产生有害干扰。这也就是说，小灵通将彻底退网，并将成为历史。

电视手机

电视手机是一种能够接收电视内容的手机。

目前，手机电视业务的实现方式主要有三种。

第一是利用蜂窝移动网络实现，如美国的Sprint、我国的中国移动和中国联通公司已经利用这种方式推出了手机电视业务。中国移动的手机电视业务是基于其GPRS网络，中国联通则是依靠其CDMA1X网络。这种手机电视业务实际上是利用流媒体技术，把手机电视作为一种数据业务推出来。不管是GPRS手机还是CDMA1X手机，都需要在装有操作系统的手机终端上安装相应的播放软件，而相应的电视节目则由移动通信公司或者通过相应的SP来组织和提供。

第二是利用卫星广播的方式，韩国的运营商计划采用这种方式。利用手机来接受卫星播发的电视节目信号是一个非常新颖的想法。目前只有韩国在力推这种手机电视广播方式（DMB）。据 SK 称，这种 DMB 接收机能提供高质量的图像，使用该接收机模块使用户能够同时接收地面无线电视广播和卫星电视广播的信号。目前韩国和日本的相应标准已经确定，这种模块将很快在这两地推出。而世界其他地区将会相对滞后一些推出。

电视手机

第三种是在手机中安装数字电视的接收模块，直接接收数字电视信号。目前，最被看好的手机电视技术方式是通过整合数字电视和移动电话的方式。这种方式需要在手机终端上安装微波数字电视接收模块，可以不通过移动通信网络的链路，直接获得数字电视信号。目前，手机数字电视标准只有欧洲的 DVB－H 和日本的单频段转播标准。

DVB－H 全称为 Digital Video Broadcasting Handheld，它是欧洲的数字电视标准组织（DVB）为通过地面数字广播网络向便携/手持终端提供多媒体业务所制定的传输标准。该标准是欧洲的数字电视标准（DVB－T）的扩展应用。和 DVB－T 相比，DVB－H 终端具有功耗更低、移动接收和抗干扰性能更强的特点，因此该标准适用于移动电话、手持计算机等小型便携设备通过地面数字电视广播网络接收信号。也可以说，DVB－H 标准依托目前 DVB－T 传输系统，通过增加一定的附加功能和改进技术使手机等便携设备能够稳定地接收广播电视信号。

除了 DVB－H，日本则在其微波数字电视播放方式"ISDB－T"标准之下，制定了"单波段播放"规范。尽管这两种技术规范的功能相当，但它们之间仍有很大区别。单波段广播是将频率分割、缩小了带宽，而 DVB－H 则采用时分数字多媒体广播的带宽、以脉冲方式发送各频道的数据。一般情况下，除接受所需频道的数据外，调谐器电路在其他时间均处于关闭状态，因此可有效减少耗电。

电视手机的出现，人们的生活方式也将得到很大的改变：晚上回到宿舍的学生，拿出电视手机，看看自己感兴趣的电视节目，那是一种享受；上下班的普通白领，在回家的公交车上，拿出电视手机，可以使烦躁的心情变得平静……电视手机也将越来越受人们的欢迎，逐步走入千家万户。

隐形手机

隐形手机是一款高端智能掌上电脑手机，除了超强的商务功能和连笔手写外，还有"隐形"功能。

所谓"隐形"，主要体现在三个方面：一是电话、短信可以随心所欲接听、接收，不想接听、接收的全被过滤。二是除了机主本人外，任何人看不到发送和接收的短信，看不到通话记录。最引人注意的是，还不单纯是看不到的问题，是他人根本就无法知道有无通话和短信及重要名片的存在。三是重要名片自动隐藏。用这种手机，即使丢失了，个人重要信息也不用担心泄露，所以它也受到越来越多人的青睐。

智能手机

智能手机，通俗地说，就是掌上电脑＋手机。从广义上说，智能手机除了具备手机的通话功能外，还具备了 PDA 的大部分功能，特别是个人信息管理以及基于无线数据通信的浏览器和电子邮件功能。智能手机为用户提供了足够的屏幕尺寸和带宽，既方便随身携带，又为软件运行和内容服务提供了广阔的舞台，很多增值业务可以就此展开，如：股票、新闻、天气、交通、商品、应用程序下载、音乐图片下载等等。

一般来说，一部智能手机所必备的几个条件：

一、具备普通手机的全部功能，能够

智能手机

进行正常的通话，发短信等手机应用。

二、具备无线接入互联网的能力，即需要支持 GSM 网络下的 GPRS 或者 CDMA 网络下的 CDMA1X、WIFI、或者 3G 网络。

三、具备 PDA 的功能，包括 PIM（个人信息管理），日程记事，任务安排，多媒体应用，浏览网页。

四、具备一个具有开放性的操作系统，在这个操作系统平台上，可以安装更多的应用程序，从而使智能手机的功能可以得到无限的扩充。

我们可以说，融合 3C（Computer、Communication、Comsumer）的智能手机必将成为手机发展的新方向。

电视与信息化

公共电视天线

如今，在人们的家庭生活中，电视机已成为不可缺少的电器之一。然而，随着我国城市建设的加速，一幢幢高楼大厦拔地而起，再加上各种工业、移动通信、电力高压线路以及家用电器的电磁干扰，要想清楚地收看越来越多的电视频道播放的电视节目，室内电视天线就显得力不从心了。但是如果采用了公共电视天线系统，收看效果将明显不同。

我们知道，电视信号是一种电磁波。它在空中像光线一样沿直线视距传播。一般室内电视天线安放在屋内某一位置，由于高层建筑大多是金属框架，容易使电视信号产生又多又乱的反射波和折射波。而且，电视信号经周围的高层建筑、树木、室内各种家具、墙壁阻挡和多次反射折射后，会引起信号衰减，信号强弱不一，到达天线的先后次序不一样。这些都会使室内天线在接收同一频道电视信号时，在屏幕上出现重影，影响清晰度。另外，电视信号在大气中传播时，会受到各种高频电磁波的干扰，从而影响电视图像的稳定度，产生雪花干扰。还有，现在电视台播放的节目频道越来越多，但一般电视天线只能理想地接收一个频道的电视节目，而全频道接收天线，由于要接收多个电视频道，设计时只能取信号的平均值，这样图像清晰度也会下降。

公共电视接收器

与室内天线不同，公共电视天线系统将各家的电视天线纳入一个公共天线系统，把它架设在尽可能高的位置，以避免周围山头和楼群的阻挡。它将电视台发射的各频道的电视信号，用相应的多副高增益天线进行接收，然后把多路电视信号转换成一路含有多套电视节目的宽带电视信号，通过一根高频电缆线向用户端进行传送。在边远地区或电视信号弱的地方，还要加装放大器，将微弱的电视信号放大，最后，通过分配器和分支器将各路电视信号传送到各家各户的电视机上。采用公共电视天线后，接收信号强、杂波干扰少、图像清晰、伴音质量好、收看节目多。一套公共电视天线系统，可供十几家，甚至成百上千家电视机共用，既节省了投资，还解决了避雷的问题。

正是因为公共电视天线系统有如此多的优点，所以当前许多城市的大饭店、机关、学校、居民小区都安装了它。人们甚至还利用它开办了自己的电视节目。

数字机顶盒

数字电视机顶盒英语名称为 Set Top Box，简称 STB，通常称作机顶盒或机上盒，是信息家电之一，是一种能够让用户在现有模拟电视上，观看数字电视节目，进行交互式数字化娱乐、教育和商业化活动的消费业电子产品。它把电视机与外部信号源连接起来。它可以将压缩的来自有线电缆、卫星天线、宽带网络以及地面广播的数字信号转成电视内容，并在电视机上显示出来。机顶盒接收的内容除了模拟电视可以提供的图像、声音之外，更在于能够接收数据内容，包括电子节目指南、因特网网页、字幕等等。用户可以通过机顶盒内置的浏览器上网，发送电子邮件。同时机顶盒也可以提供各种接口与 PC 相连，用 PC 与因特网连接。

不同的运营商和不同的机顶盒厂商按照不同的应用习惯将 STB 分成基本型、增强型、交互型等几种，运营商对数字电视理解和应用水平的不同对 STB 的划分也有所不同。大多数的运营商将基本型定义成仅支持视音频服务和接收 EPG 信息，不支持数据浏览和其他应用，而将这些应用放在所谓的增强型中；把具有双向功能的 STB 定义为交互型。

选用的芯片不同，构成的硬件平台就不同，配备的其他设备和接口也不同，这就组成了多种多样的 STB。例如，在 STB 中加上调制解调器或网卡，就构成了一个具有双向功能的机顶盒；加上硬盘就构成了个人视频录制器，当然这些都需要软件的配合。在同一个硬件平台上通过驻留不同的软件也可以构

数字机顶盒

成不同应用的机顶盒，而多样化的 STB 满足了不同层次的需求。

数字机顶盒不仅是用户终端，还是网络终端，它能使模拟电视机从被动接收模拟电视转向交互式数字电视（如视频点播等），并能接入因特网，使用户享受电视、数据、语言等全方位的信息服务。目前，有些人认为机顶盒就是用来使电视机上网，这是一种认识上的误区。实际上，数字机顶盒是在走普及数字电视机之前宽带综合信息网的组成成员之一这条道路的。

总之，机顶盒作为数字电视标志性的产品，有着广阔的发展空间。我国已经成为了全球最大的机顶盒生产制造中心。2007 年，我国机顶盒市场中以有线机顶盒为主。机顶盒市场出货量达到了 6500 万台以上，相比 2006 年增长 41.3%。有线机顶盒市场保有量在 2007 年底突破了 2500 万台，相比 2006 年增长了近 60%。2008 年我国数字电视进入了蓬勃发展期，除有线数字电视

仍旧表现出强劲增长势头外，地面数字电视随着 2008 年奥运会的契机也有了突破性的发展。

根据《广播影视科技"十五"计划和 2010 年远景规划》，2010 年我国将全面实现数字广播电视，2015 年将停止模拟广播电视的播出。毫无疑问，数字电视节目的普及已成为必然趋势，而我国现行的"模拟电视＋机顶盒"的转换形式使机顶盒市场蕴藏了巨大商机。

卫星电视

我们平时看到的电视节目，都是从电视台发送出来的。电视台通过发射机和发送天线，将载有电视图像和伴音电信号的无线电波向四面八方发送出去，这样电视台周围地区的千千万万台电视机才能收看到电视节目。

要想让更大范围的人能够收看到电视节目，只有增加无线电波的传播距离，扩大电视接收地域范围。要达到这个目的，除了增强发射机的输出功率，最经济有效的办法是加高发送天线。发送天线架设得越高，电视台发送出去的具有直线传播特性的超高频无线电波，就能传播得越远，使远离电视台地区的电视机也能接收到电视节目。所以，电视台的发送天线，大多架设在高耸入云的铁塔尖上，或架设在当地最高的山顶或建筑物平台上。

但是，电视发送天线架设的高度，会受到客观条件的限制。在这个问题面前，科学家想到了高悬在地球赤道上空 35770 千米处的人造通信卫星。他们设想，将电视天线架设在卫星上。根据计算，从一颗距地面 35770 千米的卫星上发送出去的电视节目，地球上约 1/3 地区的电视机都能接收到。因此，只要有 3 颗这样的卫星，就能实

人造通信卫星

现全球电视节目的卫星接收了。这样，世界上任何国家发生的新闻，通过卫星电视，顷刻间就能传播到全世界，坐在家里，也能即时了解远在几千千米之外的新闻大事。

卫星上除有发送天线外，还有接收天线、放大器、变频器等电子设备。电视台先将电视节目发送给卫星。卫星接收后，经过放大、变频等技术处理，再在它的发送天线上向地面转发下去。地面上的千千万万台电视机，只要安装了专用的卫星接收天线和接收机，就能在荧屏上看到从卫星上发送下来的电视节目了。在高大建筑物的平台上，在民用住宅的屋顶上，一座座朝向天空的碟状金属盆架，就是用来接收卫星电视的专用天线。

图文电视

图文电视也叫"电视文字广播"。它是一种利用现有电视广播网进行数据传输的信息系统。它采用一种数据广播技术，在电视台正常播出电视节目的同时，它把仪表文字和图形的数字信号叠加在电视广播信号的场逆程中，与普通电视节目同时由电视发射塔发射出去，传送新闻、气象、交通、文体活动、图书、证券、股票市场等方面的图文信息。由于图文电视常常以杂志的形式，由若干图文画面组成，备有图文电视接收设备的用户，只要通过电视接收天线，就可以收看到来自发送端的大量文字和图形信号。人们可以根据目录页提供的索引页号，如同看报纸一样"翻看"自己感兴趣的信息页，而这些都是通过自己手中的遥控器，在电视机前按键操作，随意选择来实现的。难怪有人将图文电视称为"电视报纸"或"电视杂志"呢。

图文电视作为一种新颖高效的信号传播手段，具有一般传播媒介所不可比拟的优点。首先是覆盖面广，凡是可以正常接收电视台信号的地方，都可收看到图文电视节目；其次是信息容量大，传递速度快，可同时传送几十套信息。它可以利用各行各业的数据库作为信息源，

图文电视接收机

灵活地提供多方面信息；此外，图文信息比起有线网，其使用成本较低，是一种可以面向大众而内容广泛的电子媒介，是被人们欢迎的丰富多彩的电视"杂志"。

图文电视是一种新颖的电视播出方式。图文电视播出的画面与照相胶卷底片相类似，每两幅之间也有一段空隙。"图文系统"就是将所要播出的信息经数字化编码处理后，夹在这些缝隙中，与正常播出的电视节目一起播出。

目前，我国已经研究出专门接收图文电视节目的电视机。它除具有普通电视机接收电视节目的功能外，还能将叠加在普通电视信号上的图文电视数据分离出来，经存储、编码、切换，然后在屏幕上显示出静止文字图形画面，而且文字信息可以用汉字显示。用普通电视机再配置一个解码器，也能收看图文电视节目。除此之外，将图文电视接收卡插在计算机上，再和普通电视连起来，也能接收图文电视节目，并可随意查询所需资料；必要时，还可接上打印机，将信息资料打印出来，以备日后查用。

图文电视通信技术的出现，使信息高速公路直接延伸到了百姓家庭，使人们坐在家里，就能及时收看各类信息。因此，图文电视深受人们的青睐，被人们称为生活的好顾问、企业领导的好参谋、厂家参与市场竞争的好助手。如今，彩色电视已经步入图文电视时代。

交互式电视

交互式电视是一种双向电视，用户能通过这种电视屏幕上的信息窗对信息作出回应，使观众和电视机屏幕上的信息或节目建立一种双向联系。交互式电视，并不复杂，只需要一台普通的电视机、一个普通的遥控器，再加上一个与电话线相连的转换器三个部件就可以了。

1995 年 6 月 22 日，英国电信公司在英国科尔切斯特和伊普斯威奇进行了世界上最大的一次交互式电视实验，涉及 2500 个用户，在公布的实验调查结果中，他们称："用户对交互式电视的所有服务项目均感兴趣，他们的反映是积极的。"

通过交互电视，观众可以检索播放影片。影片可以像放录像那样快进、快退和暂停，画面、声音质量可与激光视盘相媲美。这些影片是通过电话线从英国电信公司的计算机中心传输过来的，那里存有大量影片资料。技术人员首先将普通电影转换成计算机能够处理的数字信息，经过数据压缩后存在计算机中。观众选择某部影片时，该影片的数字信息就传输到交互式电视中。由于采用了并行处理技术，存在磁盘上的一部影片可供518个用户同时观看。英国电信公司的技术人员解释说，电影是由一个个画面组成的，用户同时观看时开机时间也有先有后，每个用户在某个时刻需要的画面通常不会相同，计算机依次将不同的画面传到用户的电视上，所以影片能够同时让多个用户观看。

除了观赏电影，英国电信公司的交互式电视还提供节目点播服务，包括儿童节目、教育节目、音乐节目、当地动态、电视购物和电子银行、电子游戏以及电子广告等项目。用户只需支付几英镑至几十英镑就可享受这些服务。

最能体现"交互"效果的是电子游戏项目。在演示中心的工作人员表演了电子台球游戏：游戏的参观者可不在一个地方，他们通过电话线联接起来。当一个选手在交互式电视上"击"出一球时，所有参加者的电视屏幕上都会出现这一杆的结果，如果轮到下一位，那么他们就可接着玩下去，如同真的在同一个台球桌上比赛一样。

英国电信公司进行交互式电视实验的主要目的是进行市场调查，以摸清用户到底喜欢什么，并愿意为这种服务支付多少钱。

交互式电视的发展无疑会戏剧性地改变大众收看电视的方式，例如可利用交互式电视购物，开展远方课堂教学，搞大型集体电视游戏，进行投票选举和民意测验，或者进行证券交易等。

家庭影院

家庭影院，顾名思义，就是将电影院搬到家中，使您在家中能够获得身临其境的现场感、惊心动魄的紧张感。家庭影院之所以能够使您体验身临其境的强劲震撼，除了家庭影院必须配置的大屏幕彩色电视机播放的现场画面外，另一个更重要的原因，就是家庭影院营造的特殊的声音气氛。

在标准的电影院里，在银幕左右、电影院两侧和后墙上都挂着一些音箱，随着电影情节的改变，声音的位置在电影院左右前后甚至上下移动，从而使看电影的人受到紧张的刺激、现场的陶醉和震撼。这种现场感正是眼睛看到的画面和耳朵听到的到处移动的声音共同刺激的结果。而声音到处移动，就是这些音箱制造出来的。家庭影院类似电影院，在大屏幕彩色电视机两旁、上面、观众背后等位置，配备了 5 ~ 6 个音箱，这些音箱把声音进行科学、有机地组合，播放出杜比定向逻辑环绕声，从而使您产生了非常真实的身临其境的感觉。

家庭影院

需要特别指出的是，播放杜比定向逻辑环绕声的 5 ~ 6 个音箱，它们的作用各不相同：紧靠在电视机左右两边的两个主音箱主要营造身临其境的动态气氛，它既能渲染强烈的现场声音环境，比如万马奔腾、千蹄竞踏的震撼，又能表现出现场一些细微的声音变化，比如"铃铛"从奔马的脖子上跌落下来碰撞石头、又从石头上反弹起来的清脆回声；放置在电视机上面的中置音箱主要传出清晰传神的人物对话；观众背后左右两个后环绕音箱主要表现四周空间的声音气氛，比如，小鸟鸣叫着从您右侧绕到身后、在您身后上下鸣叫一番后又绕到左侧鸣叫的声音效果，这两个后环绕音箱最能表达声音可以四边跑的现象。家庭影院中还有一个超低音音箱，俗称"低音炮"，它和上面讲的两个主音箱中的低音喇叭配合，更能真实地再现沉闷的回声，比如大象、恐龙粗大的脚步在地上奔跑的回声、脑袋砸在空心木板上沉闷的回声等等，低音炮表达这种雄浑、厚实的声音，可以比现场更加传神。不仅如此，家庭影院还能模拟出圆顶教堂、拱形体育馆的回声效果，模拟歌舞厅、爵士俱乐部表演的现场传声效果。

总的来讲，作为现代电子科学技术结晶的家庭影院，完全可以真实地再现雄浑激昂的盛大场面，演绎细腻传神的自然音色，人们在小居室就能感受身临其境的强劲震撼。

CD

CD 是一种存放数字音频信号的光盘，通常被称为激光唱片。它是用聚碳酸酯作片基，表面镀有一层银色金属薄膜的圆形盘片。录制时，声音信号先通过话筒转变成相应的声音电流，再在一种叫做"模/数转换器"的装置中，通过取样、量化、编码等技术处理，转换成一组组用"0"和"1"数字表示的脉冲电流（"0"表示无电流，"1"表示有电流)，它可以控制激光发射器，使激光在有脉冲电流时就发射，在盘片上打击出一个极微小的凹坑。一张直径为 12 厘米的标准型 CD 盘片上的凹坑多达 25 亿个，因而可贮藏大量信息，记录或重放时间可长达 74 分钟。采用这种"数字化"方法在盘片上录制的声音信号，只是一连串的凹坑，它不受环境及物理条件的影响，保真度极高，几乎没有噪声。

在 CD 机上重放时，激光束照射在 CD 片的凹坑上，随着 CD 片的转动，激光束会从凹坑上不断反射出来。由于激光束在凹坑中和平面上的反射光束具有截然相反的特征，因此，在光接收器中通过光电转换，就会输出一连串对应于"0"与"1"的脉冲电流，再在数/模转换器中还原出声音电流。在这个过程中，没有失真，也没有机械磨损。此外，CD 机中配置的放大器和扬声器，大多有很高的保真度，可允许通过的电流信号的频率变化范围也十分宽广平坦，覆盖了人耳的听觉范围，能真实地重现出录制时的音响效果。

在制作 CD 时，将所得的音频数据进行编码而不作任何方式的数据压缩，再按一定的格式用压膜的方法写入直径为 12 厘米的空白光盘上。所以 CD 盘可播放一个多小时的音乐，但是没有图像。

VCD

大家知道，数字化的图像和声音信号的数据量是非常大的。一般来说，屏幕上图像变换在每秒 10 帧左右时，观看者会觉得图像是间断的；每秒图像变换在 15 帧左右时，仍然会让人有跳跃感；只有当图像变化达到每秒 25 帧以上时，才能使人觉得画面是连续变换的。每帧画面所含的信息量是用来显示图像的屏幕大小、分辨率高低、色彩的丰富程度不同而有所差异。如果将未经压缩的活动图像的数据直接记录到直径为 12 厘米、容量为 650M 字节的光盘上，那么每片光盘只能记录 24 秒左右的电视信号，这显然没有实用价值。

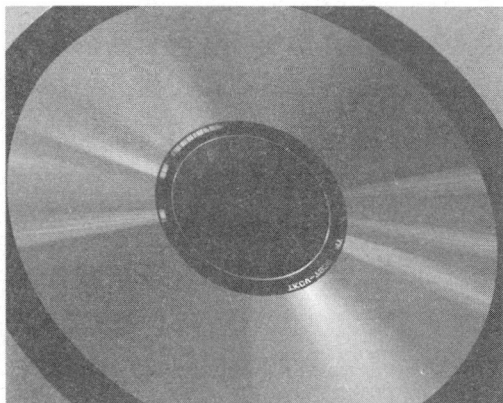

VCD 光盘

为了能在一张光盘上存放较长时间的音频和视频信号，在 CD 家族中又诞生了新秀 VCD。它大小和 CD 一样，但在制作时采用了一种叫做"MPEG－1"的编码规则对数据进行压缩。制作时先将声音和图像数据进行压缩处理，然后把压缩后的数据"刻"录到空白的光盘上。通过这样的制作，一张空白 CD 上就能存放 74 分钟左右的电影或卡拉 OK 节目。在播放 VCD 时，通过激光阅读装置读取的数据，必须借助于计算机或专用微处理器芯片进行解压缩，经过压缩后的数字视频信号和音频信号才能送到图像和声音输出装置，使观众听到美妙的音乐，看到清晰的图像。

通常用 VCD 机来放 VCD，也可用配置了相应软件的计算机来放 VCD。VCD 机除了能放 VCD 外，还能播放 CD，但专用的 CD 机却不能播放 VCD。

知识点

差错控制

差错控制是在数字通信中利用编码方法对传输中产生的差错进行控制，以提高数字消息传输的准确性。通信过程中的差错大致可分为两类：一类是由热噪声引起的随机错误；另一类是由冲突噪声引起的突发错误。突发性错误影响局部，而随机性错误则影响全局。

电子阅读与信息化

电脑辞典

随着科学技术的发展，一种称为电脑辞典的高技术产品从日本以及中国的香港特区、台湾地区等地开发生产，并迅速在全球推广开来。不光是那些小学生、中学生，就是那些商人也人手一台，随时记录和查找经济活动中的重要信息。那些政府官员、企业领导及事务活动繁忙的工作人员，也开始感受到电脑辞典的重要性，纷纷在自己的衣袋里换上了电脑辞典，以此提高工作效率。

电脑辞典如此受到人们的青睐，从外观看，其大小同普通的笔记本相仿，小的只有名片大。其核心是用超大规模集成电路做成的微型处理器和数据存储器，由处理器控制电脑辞典的运行。通过上面的标准英文键盘，能够输入英文、汉字、数字等信息，然后在其液晶屏幕上显示出来，完全是一台独立运行的掌上型个人计算机。

既然称为电脑辞典，那么其主要功能就应该体现在查阅英汉、汉英字典上。目前的电脑辞典里一般装有 5 万到 50 万个不等的英文单词，还有 10 多万条英文整句。不仅能够在液晶屏幕上显示翻译出来的句子和单词，还能自动模拟真人的声音读出来。

除此之外，当前的电脑辞典还扩展了许多功能。它的第二项功能便是记事功能，也就是人们通常所说的电子记事簿。人们将所要记录的信息存

电脑辞典

到机器中去，并设定重要事情的约会提醒，名片上的姓名、单位、地址、电

话、手机号等信息可按顺序录入，随时查找或修改，形成自己的名片数据库。容量较大的电脑辞典能存 13 万个汉字的信息。

电脑辞典的第三项功能是名目繁多的计算功能。在电脑辞典上，不仅具备传统的运算功能，还有利息计算、汇率换算、度量衡转换、统计公式等经济工作中要用到的所有计算方法。运算结果能在液晶屏幕上以曲线和图表的形式直观地显示出来，这些都远远超过了人们常用的微型计算器所具备的功能。

电脑辞典的第四项主要功能是计时功能。电脑辞典不但有日期和时间显示，还有万年历及公历农历对照。为了方便国际旅行，还带有世界各地时区的转换功能。

丰富多彩的学习娱乐项目也是电脑辞典独特的优势。像电子游戏，历史事件，大事年表，财务账目，飞机、火车、汽车、轮船时刻表，电话区号，邮政编码等常用信息均可在电脑辞典中找到。

一些用惯了电脑辞典的人士称其为集传统辞典、计算器、记事簿、游戏机、高级时钟于一身的信息百宝囊。

电子墨水与电子图书

现在，电脑已经走进了普通人的生活。虽然台式电脑可以存储大量的信息，笔记本电脑更可以让你随身携带这些信息，但是由于笔记本电脑以及类似的便携式信息装置使用液晶显示屏，工作起来耗电大，液晶显示在阳光下也看不清楚等，所以，一种装有计算机芯片的电子图书便大行其道，

为了使电子图书比笔记本电脑更携带方便、显示清晰、功耗又低，有人想到了使墨水电子化的方法。美国麻省理工学院把这项研究计划变成了现实，并且其基本技术已由物理学家乔·雅各宾领导的一个小组在该学院的媒体实验室里研究成功。

电子图书工作原理简单地说，就是使其电子图书中的每页纸上埋有千百万颗装在微囊体（microcapsules）中的微粒。各个微囊体均能独自与电荷发生作用：囊中微粒向后移动呈现暗黑色，向前移动则呈现亮白色；微粒移动方向取决于所施加的是正电荷（亮白）还是负电荷（暗黑）。每个微囊体约为

40 微米大小，比人的头发丝还要细一半。

一个给定的页面要用的微囊体，数目十分巨大。譬如，页面上一个字母"A"可能是用 1000 个微囊体组成的。雅各宾说，字母越小，所用的微囊体数目越多，清晰度才会越好。计划要实现的目标是，电子图书"纸面显示分辨率"要比今天的电脑屏幕高。目前，字母本身是静态的，要进行动态变化还有问题。但从理论上讲，微囊体可以通过编程在黑白两种状态间快速翻转，这样便可给人以图像运动的感觉，例如以此表示汽车是如何开动的。

由于采用电子墨水，电子图书接收藏在书脊中的电子设备对每一页所发出的指令，就可自身进行排版。从耗电角度考虑，此过程令电子图书工作效率非常高。它与液晶显示屏完全不同：液晶显示屏工作时始终要耗电，而电子图书页面排版一旦完成，人们阅读时不再耗电。也就是说，笔记本电脑及其液晶显示屏需要使用大电源，而电子图书只要求使用一个小电源，两者截然不同。

电子图书吸引人们的主要特点就是方便。这里不是仅仅指携带方便而言。由于信息是以电子方式存储的，人们可方便地对其进行各种处理。例如，为了便于阅读，可让字体显示大一些；还可用电子笔在页边作注释，把自己的评论存放在书脊中可插拔的刷新存储卡上。

将来发行的电子图书，可能都预先存储了某一类图书的选集，另外通过刷新存储卡可提供读者选购各种新的选集。雅各宾认为，读者实际上可通过内置在书脊中的调制解调器和 www. amazon. com 之类的网址，去访问国际互联网络上的在线书店，在浏览书店的过程中把感兴趣的新书下载到电子图书的刷新存储卡上。接收一本新小说的时间大约只有一分钟。如果在海边度假，人们通过简单的按键操作，即可随意从网络上挑选几本适合自己口味的好书，下载后便可从容消遣了。

电子邮件

电子邮件，英文名称是 E - mail，在国际上的正式名称为文电处理系统（Message Handling System，简称 MHS），是在互联网络上建立起个人信息收发、中转的站点。

　　早期的计算机网络研究人员意识到计算机网络能够提供一种个人之间的通信方式，而且这种通信方式应该是将电话的速度和邮政的可靠性相结合。计算机几乎能够通过网络即时传送文件或信件到千里之外的另外一台主机的存储系统，这就是"电子邮件"，然后用户就能在计算机上打开此文件，通过显示器阅读或用打印机打印。

　　电子邮件的用户只要拥有一台计算机，同时拥有一个信箱名，就能在任何地点、任何时间，通过计算机网络进入电子邮件系统。电子信箱的基本操作包括"打开"、"关闭"和"清空"，对电子邮件的操作则包括取出、发送、转发和阅读等。

　　电子邮件起初是用来实现两个人通过计算机进行通信的一种机制。最早的电子邮件软件只提供了这个基本机制，而现在的电子邮件系统能够用来进行复杂体系和其他交互式的服务，包括：(1) 将一条信息发送给许多接收者。(2) 发送包括文字、声音、图像或图形的信息。(3) 将信息发送给国际互联网以外的用户。(4) 发送一条信息后，某台计算机的程序作出响应。

　　同传统的邮政通信相比，电子邮件有如下一些特点：

　　(1) 价格便宜。采用电子邮件进行通信，价格比起纸张通信来说要便宜许多，因为网络传输的只是一系列的数字信号，既没有纸张消耗，又不用邮递员去投送，费用当然相当低廉。

　　(2) 传送速度快。电子邮件由于是网络上传输电子信号，速度远远超过信函投递的速度。一般来说，飞机飞过太平洋都需要数小时的时间，而电子信号却能在一秒钟内绕地球数圈。算上各种交换延迟，电子邮件可以在发出后的 10 分钟到达地球的任何一个角落。

　　(3) 安全性好，灵活。电子信件存储在个人的电子信箱内的，需要密码才能打开收看。另外当电子邮件发送失败后，系统还会逐级退回返还给发送方。

　　正因为具有了这样的优点，电子邮件被越来越多的人所使用，已经成为众多的互联网络服务中使用的最为频繁的一种。

电子书刊

　　传统的书籍和报刊，都是把编撰好的文稿印在纸上，经装订、运输、发行，最后到读者手中。它们都是无声读物。

20 世纪 70 年代，电子出版业作为一个新兴产业崛起。1975 年，计算机排版已在世界范围内得到普及。人们把书刊用计算机排版印刷后，又把计算机内的数据作为副产品，存储在磁带、软盘上，成为书刊的电子版，或放在网络中提供检索服务。到 20 世纪 80 年代，由于计算机技术的进步，使得版式设计、文字编辑、图文合成等技术能够顺利实现。到 90 年代，音频、视频和图像处理技术的发展，它们与文字处理的结合，使得在文字中可以加入音频、视频信号和图像，这样一来，计算机上的一张普通的平面人物画像，除了可有传统的文字说明外，还可以开口说话，做出动作。这种新型的电子书籍和电子报纸，统称为电子书刊。电子书刊的载体有软盘、只读光盘、可读写光盘、图文光盘、照片光盘、集成电路卡以及网络出版物等。

因特网的出现，使得出版业又面临一场以电子化、网络化为标志的大飞跃。目前，世界上一些著名的报纸，都已电子化，并已上网服务，例如美国的《今日美国报》、《华盛顿邮报》、《新闻周刊》，我国的《人民日报》、《计算机世界报》、《文汇报》等。电子书籍可以放在网上供读者查阅。例如，根据总共 21 卷的美国学术百科全书编制的多媒体电子百科全书，包含了 33000 篇文章、2000 个彩色图像和 30 分钟的音乐。读者可以通过按菜单选择项进入各个标题去获得信息，阅读、查询起来十分方便、快捷。

电子书刊不仅图文并茂，有声有色，而且信息量大，包罗万象，一张小小的光盘上可以存储一本近 1000 万字的百科全书。电子书刊还具有检索方便、制作成本低、售价低廉等特点。此外，网上电子书刊还有较强的时效性，可以及时更新。

电子书刊有这么多特色，因此它一出现，就受到广大读者的欢迎，并得到飞速发展。

数字化图书馆

在我国，北京图书馆和上海图书馆都是最现代化的图书馆，它们不仅有丰富的馆藏，还通过因特网为读者提供信息服务。那么它们是不是数字化图书馆呢？现在还不是，这主要是由于这些图书馆能提供网上服务的图书还不到馆藏量的1/10。那么，什么是数字化图书馆呢？以因特网为基础、各类文献资料数字化、各种业务和管理功能计算机化的图书馆，就是数字化图书馆，它具有以下几个基本特征。

1. 各种信息文献载体数字化。近几年的正式出版物绝大多数采用电子排版技术，把书稿输入计算机进行处理，已经数字化了，但人们还必须花大量的时间和精力，去解决以前出版物的数字化问题。

2. 以网络为支撑实现图书资源共享。因特网、中国教育科研网等是数字化图书馆必备的重要支撑环境。

3. 有统一的用户界面和快速简便的信息检索浏览系统。

4. 有确保版权人的资源不被滥用的安全管理系统。

由此看来，数字化图书馆作为现代图书馆发展的高级阶段，还要经过一段时间，通过人们的艰苦努力才能达到。然而现在我们已经看到了数字化图书馆的雏形。我们通过因特网可以查找国内外 1000 多个图书馆的书目信息；可以访问许多著名的情报数据库系统；可以访问许多免费的信息库，如美国国会图书馆的 Gopher 服务器，它提供美国和世界上有关图书馆自动化方面的最新信息；可以访问世界上 20 多万个万维网服务器上各单位的主页。在数字化图书馆真正建成后，读者可以访问任何一个图书馆，而图书馆馆藏的所有信息资源可以同时提供给成千上万的读者。这样，信息得到最大限度的利用，用户也得到了最大的方便。

知识点

虚电路

虚电路是分组交换网络提供的服务之一（另一种是数据包服务），简单地说，就是通过网络内部的控制机制，在用户主机之间建立虚拟的逻辑连接，并且保证在其上传送信包的正确性和顺序性，通信前后要进行虚电路的建立和拆除。永久虚电路是一种在网络初始化时建立的虚电路，并且该虚电路一直保持。X. 25 网络和 B－ISDN 都提供 PVC 服务。

其他信息化生活

远程教学

远程教学，是利用计算机网络进行教学的一种模式。所谓远程，就是指老师与学生可以不在一起，同学与同学也可以不在一起。所以，我们通常将采用远程教学方式进行教学的学校称为网络学校。与一般的学校相比，网络学校有几个突出的优点。

第一，同学们可以根据自己的能力和意愿自主地学习、讨论和考试。因为教材是精心组织的，学习时可以有许多选择。如果你觉得这部分比较好懂，可以要求学习得快一点；如果你觉得那部分不太好懂，可以学习得慢一点；如果你对于某个部分兴趣浓厚，可以要求提供附加的资料，进一步钻研、深造。网络学校有自动的答疑系统，对于教材范围的问题都能立即给予答复。同时，同学们可自由地就某个问题在网络上发起讨论，畅所欲言、各抒己见。同学们可以随时通过网络与老师交流意见，老师通过网络给予指导。网络设有庞大的试题库，考试的出题和评分都可以由

远程教学教室

计算机自动完成，可以做到大家的考题不同，难度相同。因而同学们可以自己决定考试的时间和地点。

第二，教材不单单是文字和插图，还可以配上优美的声音、可爱的动画和漂亮的图像等多媒体信息，甚至还可以采用虚拟现实的技术。当学习到我

国的故宫博物院时，你将能身临其境似的到里面参观一番；在学习人体解剖时，你还可以到血管里、胃里转悠一下。这样学习多么有趣啊！

第三，每一部分教材都由最好的、最有经验的老师来编写。对于已经在网络学校使用的教材，无论是老师、学生，还是家长或其他人都可以提意见。因而，教材将会不断改进，越编越好。

目前，远程教学有两种形式。一种是采用万维网的形式，教材集中放在服务器上，老师和学生采用浏览器进行教学。另一种是采用电视会议的形式，老师和学生们可以相互看到对方，听到对方讲话。我国已经成功地开设了好几所网络学校，都采用第一种方式。

当然，网络学校还是个新生事物，还在不断发展和完善中。不久的将来，同学们通过网络就可以找到最好的学校、最好的老师、最好的课程。到那时，大家再也不必担心本地没有好的学校，再也不必担心考不上重点学校了。

家庭网络

所谓家庭网络，就是建造在家庭中的计算机网络。你把家中的几台计算机联在一起，也算是一个家庭网络。但是，今天家庭网络的含义已经远远超出了这些。家庭网络的目标是不仅把计算机联起来，而且把所有的家用电器和其他的设备都连接起来，营造一个舒适、温馨的家庭环境。

家庭网络的功能大致包括三方面的内容：家庭安全、家用设备自动化和家庭通信。在家庭安全方面，家庭网络要连接防盗、防火、防煤气泄漏等各种控制和报警装置，还要连接摄像机这类监视设备以及呼救装置。在家用设备自动化方面。家庭网络要连接电灯、电视机、音响、电冰箱、洗衣机、电饭煲、电烤箱、微波炉、窗帘开闭机、数码相机以及电表、煤气表和水表等设备。在家庭通信方面，家庭网络要连接计算机、电话机、传真机等设备。家庭网络的基础是结构化综合布线。

如果建造了这样的一个家庭网络，你就可用一个遥控器来操作和控制所有的家用设备。随着你的到来和离去，客厅、过道、卫生间里的灯可以自动打开和关闭。你在书房里制作的多媒体节目，可以传到客厅的视听设备上播放。家庭网络可以自动调节家中的温度和湿度。如果将办公室的计算机连到家庭网络上，你坐在办公室里，就可以看到摄像机和数码相机摄下的镜头和照片；你可以查看各种设备的状态，例如煤气开关是否关好了；如果没有关好，你可以让它关上。你还可以让电饭煲自动把饭煮上。如果家里来了窃贼，你的手持计算机可以立即告诉你，甚至可以让家庭网络自动拨打110报警电话。

数码相机

摄影技术从诞生到今天，已经走过了一个多世纪的路程，相机也从最古老的简易木匣子，发展到现在具有自动对焦、自动曝光、电动变焦等多种特殊功能的十分电子化的相机。然而不论相机的外观有了多少变化，内部器件多么电子化，但它们的取像原理却一直没有改变：拍照时通过镜头、快门把景物反射的光线聚焦投射到底片上，底片上的感光剂因此出现化学变化而产生影像；拍完的底片拿去冲晒店经另一轮化学处理，才得到最后的影像结果，这就是我们常见的相片。

数码相机虽然也靠镜头、快门摄取景物，但感光的媒介不是涂满感光剂的底片，而是电子式的影像感测器。这个感测器直接把景物反射光线转为数码信号，再作进一步的处理和存储。所以数码相机不用底片，而使用快闪储存卡。由于景物影像已变成数字化信息，因此数码相机可以与个人电脑连通，配合使用。

数码相机使照相不再限于晒出一张相片，而可以通过个人电脑将拍来的影像进行色彩、光度、轮廓的修补，甚至可以给原始图像制作出完全不同的效果。

数字式照相机的摄影过程可分成输入、处理和输出三大部分。

数码相机

1. 影像的输入。对输入的影像进行数字化处理是数字式摄影系统的特点，目的是为了将摄取的影像转换为可由电脑处理的数字信息。数字式照相机本身就能对摄取的影像进行数字化，采用CCD来接收影像信号。

2. 影像的处理。影像处理主要是对进入计算机中的数码影像进行修整和再创作。我们将影像导入计算机后，可利用专业软件对图像进行曝光、反差、色彩、色调、裁剪、图像放大、缩小和翻转、拼接、合成、变换背景、变形、浮雕效果、马赛克效果等特殊技术处理。这些都是传统摄影无法做到的。

3. 影像的输出。影像的输出是指在数码摄影过程中通过某种设备来显示照片的过程。常用的显示设备有显示器、高分辨率激光或喷墨打印机。也可通过专用的数码胶片记录仪获取传统的彩色负片和彩色正片，或通过数码打印机获取传统的彩色照片。

网上购物

传统意义上的购物，就是出门去商店、商场、集市、购物中心等地方去购买商品。但当计算机技术，尤其是网络技术快速发展的今天，这一传统也受到了挑战，网上购物已经逐渐兴起并成为了一种新的时尚。

网上购物就是通过因特网来购物。网上商店以万维网的主页形式开设在因特网上，它通过一层层的超链接链接着许许多多的主页。比如，我国最著名的网上购物网站——淘宝网，它的主页上可能罗列了该店商品大类的名目，如虚拟、护肤、数码、家居、服饰等。同时大类名目下还有许多的小类。比如CPU、内存、硬盘、手袋、肩包等。如果你用鼠标点一下主板，它又会展示关于主板的网页，你可以按照各种分类查找自己所需的产品，比如品牌、平台等。当你找到所需的某个型号的主板，再点一下，又出现一个网页，它详细地列出了该产品和购买方式的信息。你可以根据自己的具体情况来完成购买。之后，你只需在家里等待就行了，因为卖家会把货物送到你的家中。

网上购物有很多特点。一是可以在家"逛商店"，订货不受时间的限制。二是你对感兴趣的商品可以作详细了解。如果商店与厂家一起精心制作，那么一个产品的主页可以非常丰富多彩，可以有商品的功能、性能和使用方法的精彩演示，通常上街购物时是很难了解这么多情况的，因为一般的售货员不可能对每一件商品都了如指掌。同时还可以买到当地没有的商品。三是你可真正做到货比三家，因为到各个网上商店了解各个品牌的情况十分方便。四是省去了你上街的劳累，从订货、买货到货物上门无需亲临现场，既省时又省力；五是价格较便宜。

在当前，网上购物逐渐成为人们的网上行为之一。据悉，CNNIC采用电话调查方式，在2008年6月对我国19个经济发达城市进行调查，4个直辖市为北京、上海、重庆和天津，15个副省级城市为广州、深圳、长春等。访问对象是半年内上过网且在网上买过东西的网民。报告显示，在被调查的19个城市中，上半年网络购物金额达到了162亿元。

电子移民

移民，自从有国家这个概念以来，移民就一直没有间断过，尤其是信息技术和交通高速发展，我们偌大的地球正逐步"缩小"成为"地球村"的今天，世界各国移民风潮更是愈演愈烈。在这股移民风潮中，一种新的移民方式——"电子移民"诞生了。

所谓"电子移民"，指的是这样一些人，他们通过国际互联网络，就职于国外的企业甚至政府，他们可以通过互联网络到国外的图书馆看书，到大学上课，到商店订购物品，到电影院看电影，与世界各地的朋友"面对面"交谈等等。总之，通过互联网络、交互式电视等高新技术及设备，他们就像生活在国外一样，他们的生活空间不再局限于某个国家。当然，这一切都是通过电子的方式，其场景也是"虚拟"的。

"电子移民"的产生和发展有着深刻的背景。首先，技术装备的发展为"电子移民"提供了硬件上的保证。信息技术的发展正迅速改变着人们的生活和工作方式。其次，高新技术革命极大地推动了全球化的发展，为"电子移民"提供了广阔的生存和发展空间。当今，跨国公司蓬勃发展，不但公司经营跨越国界，公司职员也成了跨越国界的国际人。一个跨国公司总部往往只有几十个人，但其遍及全球的职员常常多达数万人。对这些整天通过国际互联网络进行全球性经营的人士来说，生活空间的概念发生了全新的变革。这些趋势交合在一起，使得"地球村"时代的变化更加迅猛，也使得"电子移民"的发展趋势更为明朗。

"电子移民"的出现，给久有"井底之蛙"感觉的人们展现了一个看似灿烂的前景。其正面的影响主要有四个方面。首先，"电子移民"的出现为人们提供了更为广阔的生活空间，也为人们发挥自身的才能和创造力提供了更多的机会和可能。其次，"电子移民"的出现进一步推动了全球化的进程。这主要是因为"电子移民"的方式大大加强了国际间的交流和融合，包括经济、文化、观念等诸多方面。第三，"电子移民"的出现，将有助于解决传统移居式移民的众多问题，例如城市拥挤、人口过度集中等等。"电子移民"将使人们拥有更广阔的空间选择，而且逐步淡化人们的城市观和国家差异感，使人们可能选择在那些更为清洁、安逸的中小城市和发展中国家定居。第四，"电子移民"的出现，对信息技术及相关高新技术提出了更多和更高的要求，例如多媒体国际互联网络的发展，真正意义上的全球信息高速公路等等。

当然，在这些蓝图的后面，"电子移民"的出现也给人们带来了一些忧虑。首先，"电子移民"的出现，在某种程度上弱化了"国籍"的概念，这给传统的国民观念带来了极大的冲击，也向各国现行的国民管理模式提出了挑战。其次，"电子移民"的出现，使人与人之间面对面的接触减少，可能会使一些整天沉迷于电子网络中的人本身也出现"电子化"的趋势。也就是说，他们将习惯于虚拟的空间，导致出现空幻、不务实际和人际关系冷漠等心理问题，成为一种所谓的"电子化人"。第三，一些"电子移民"者利用互联网络进行各种国际犯罪活动，例如，网络黑客利用互联网络进行金融犯罪、入侵国家安全网等等。

计算机售票

在过去，售票工作全是靠人工进行的，例如：当旅客想购买一张从上海去广州的飞机票时，售票员必须手工查询上海到广州每周有几个航班，选定某一航班后又必须查询是否有机票，这通常要和售票总站联系，而总站又要和各分售窗口联系，以了解是否有余票……总之，要多繁琐有多繁琐。常常会出现这种尴尬局面：有些窗口买不到票，有些窗口余票很多却卖不出去。这是由于各售票窗口是按一定比例分配机票的，互相之间基本上没有联系。

随着计算机信息产业的飞速发展，国内外广泛采用了"计算机售票"，即利用网络互联技术进行预订、售票。当你想买飞机票时，可以在任何一个分售网点申请、选购，售

随处可见的售票点

票员可以马上通过计算机网络，查询到在你指定时间范围内有几个航班，每个航班还有多少剩余的机票等信息。如果你选定了某一航班，并购买了飞机票，有关你的个人信息如姓名、性别、年龄、工作单位、身份证号码等等就输入计算机中，这时各个计算机售票网点都可以很方便地查到这些信息，这样就避免了把某一航班中的同一座位出售给几个人的情况。

不难看出，计算机售票比起人工售票手续方便快捷得多，效率高得多。这主要归功于计算机网络。因为可以靠它实现"信息共享"，靠它准确、迅速、及时地传输信息。

目前，这项深受售票员和旅客欢迎的"计算机售票"方法，正以迅猛的速度在普及和推广，已经如春笋般地遍布了全国各大中城市。

远程医疗

"远程医疗"是利用现代电信网在传送和处理信息上的非凡能力，让它来传送和处理包括声音、文字和图像在内的综合医疗信息，以实现对患者的远距离诊断和治疗。由于它与现代电信技术密不可分，因而也有人称它为"电信医疗"。

采用"远程医疗"方式后，病人看病就不用到医院排队，小地方的人也用不着长途跋涉到大城市求医问药。因为，病人的心电图、脑电图以及尿样、血糖含量等分析数据，都可以通过电信线路在瞬息之间传到远端医疗专家的案头，或显示在高清晰度屏幕上，或由电脑打印机迅速打印出来。医疗专家便可以据此对病人的病情作出判断，并决定治疗方案，开出处方。诊断结果和药方，可以立即用"电子邮件"传送给患者所在地的医院或药房，嘱咐他

远程医疗示意图

们"送药上门"。一些需要作 X 光检查或磁共振成像检查的患者，也可以不上医院，而到装有这些设备的巡诊医疗车上作检查。因为这些设备上都配备了移动通信设备，它能把检查的结果，包括图像和数据等，统统地用无线电波发回到医疗中心，以供那里的医疗专家作出诊断。

"远程医疗"的实现，无疑是利国利民的好事。它将给往日缺医少药的地区带来福音，使那些地区的患者也能及时得到治疗，甚至接受大城市名医的诊治。"远程医疗"标志着一个新的医疗时代的到来。

新一代电子病历

光卡——作为新一代电子病历卡，已经在国外医学界开始使用，并取得良好的效果。有了这种病历卡，当某一病人突然发病送到医院抢救时，医生就不必像往常那样要进行一系列的化验、取样、分析后才能确定病情，凭借一张光卡就可快速而准确地获得所需要的资料，从而能在极短的时间内采取有效的治疗方案，为拯救病人生命赢得宝贵的时间。

一张光卡，就是病人一套完整的病历卡。光卡里面存有三方面的资料：个人情况、健康检查资料及辅助资料。个人情况包括：姓名、出生年月、性别、血型、药物反应、紧急联络方式、家庭地址、工作单位、医疗保险情况等。健康检查资料实际上是"数据矩阵",包括常规医学检验结果和测试数据。这些资料不仅包括文稿,而且还有照片、X光片等。医生根据这些资料就能迅速绘出有关图表(如病人年龄与血压之间的关系图)来显示一段时间内病人健康情况的变化,帮助诊断治疗。辅助资料就是"医嘱文件"。在此文件中,医生提出影响病人健康的具体数据,如胆固醇过高、心率过速等,并提出治疗方案及应采取的有关措施,例如食物疗法、精神疗法或化学疗法等。

采用光卡使医院的医疗效率大大提高,存贮病历所需的空间却大大减小,医院管理人员不必再为存放、查找病历花费大量的时间,加快了医学研究的进度。光卡提供的信息使医生对病人的职业、居住环境与健康之间的关系一

电子病历

目了然。因而,利用光卡进行保健监控是很方便的。

光卡与计算机的读写装置及终端构成一个完整的系统。光卡本身由三层组成,里层是对激光能量极为敏感的记录层,其内外各有一层硬质保护层。激光可以穿透表层,在记录层的表面刻上 2500 条极细的轨纹,供数据资料定位用。当把数据资料写入光卡时,用一束宽为 3 微米的半导体激光束在记录层表面烧出小坑,将数据写入。当读取数据时,同样用激光,但只要写入时的 5%~10% 的能量照在记录层上,然后测量反射光,有光时数据为"1",而无光时为"0",计算机就可阅读运算了。

在光卡读写装置内,有一个装在导向槽上的激光二极管读写头。一旦插入光卡,光卡就会沿导向槽高速来回滑行。在写入时,光线从激光二极管发出,通过直管透镜而送入分光器,沿着一个方向穿透物镜,烧出小坑,于是数据就写入了。读出时,激光则沿另一方向,由光卡表面反射回来,再经透镜传到光线感测器上,从而读出数据。

准备存入光卡的资料，由计算机输入，再传到写入装置。当光卡在激光照射下向前移动时，资料就被写在光卡上；当光卡往后移动时，仪器就核对所记录的资料，确定无误后，该资料的目录立即被添加到另一条轨道上。光卡阅读过程与写入过程相反，即先阅读目录，后阅读资料。阅读速度为每秒4.5轨，写入速度为阅读速度的一半。

所以，我们说，光卡，这种崭新的病历卡，是一种造福人类的高新技术产品。

传真机

传真机是一种具备"眼睛"和"手"的功能的机器。传真机由两部分组成——发送机和接收机。发送机具有"眼睛"的作用，它使用一种具有光电转换功能的光电管，能够识别画面上各部分颜色的深浅，并把它们转换成不同强度的电信号，经过电子电路整形、放大、调制、编码，再通过电话线路传送出去。传真接收机起到"手"的作用，能将画面复制出来。当它接收到从线路上传送过来的电信号后，立即对它进行放大、解调、限幅、鉴频等处理，把电信号转换成图画信号，然后控制打印机，复印出原来的图画或文字。

在传真的发送和接收过程中，发送机和接收机必须"步调一致"。发送机对画面自左至右，自上而下，一行一行地扫描"分解"，这要与接收机在传真纸上的记录顺序同步，扫描速度也必须相同。否则，接收后复印出来的画面就会歪斜，难以辨认。

传真机

除了扫描同步外，发送机和接收机每行扫描的起始点要相同。否则，印制出来的画面就会有中间割裂或重叠等问题。

传真机刚问世时，传输速度慢，操作起来也很麻烦。随着电子技术的发展，传真机不断改进。新型的传真机使用起来很方便，只要将它接在电话线路上，拨对方的电话号码，并把要传送的画面放在传真机上，很快对方的传真机上就会复印出同样的画面来。传真机与计算机结合后，它不仅具有静止的图像通信功能，而且具有图像处理、数据处理、自动接收、办公自动化等新功能，能应用于各种自动化领域，满足迅速处理大量信息的需要。

电 传

电传是远距离打印交换的编写形式。电传既具有电话的快速，又具有打字机的准确，尤其是当电文中有数据时，这种优点表现得特别明显。电传这种通讯方式，不仅具有高效性和精确性，而且比电报和电话便宜，所以很受人们尤其是办公人士的欢迎。

一般来说，电传有以下几个特点：

一、方便迅速。电传打印机可安装在办公室内，因而你不用到电报局去发电传，而且在你给国外贸易伙伴发电传时，可以即时得到对方的回答，就像进行电话交谈一样方便。

二、手续简便。使用电传，你唯一要做的事情是，将欲发出的电文转对成一系列孔眼并打制到纸带上，再通过电磁波将电文发往目的地。

三、自动收发。即使办公室里没有值班人员，打印机也可在无人状态下自动收发电文，这显然比电话交谈优越得多。

四、高效经济。打印机每分钟可打 400 个符点，而根据《全美百科全书》记载，这种机器一分钟内可传送大约 67 个词。

信息时代的新经济
XINXI SHIDAI DE XINJINGJI

当今世界正处在信息时代，以信息化带动工业化，以工业化促进信息化，走出一条科技含量高、经济效益好、资源消耗低、环境污染少、人力资源优势得到充分发挥的新型工业化道路，是很多国家工业化和现代化的战略选择，同时也是实现绿色的经济崛起的重要途径。作为信息革命在经济领域的伟大成果的信息经济，是通过产业信息化和信息产业化两个相互联系和彼此促进的途径不断发展起来的。所谓信息经济，是以现代信息技术等高科技为物质基础，信息产业起主导作用的，基于信息、知识、智力的一种新型经济。在知识经济时代，一个最典型和最基本的特征是知识作为生产要素的地位空前提高，知识广泛地渗透到会一切经济部门中去，而且知识本身也成为一种更加市场化的产品。

网络经济的兴起

随着信息时代的来临，网络的广泛普及，社会经济也发生了很大的变革，人们开始步入网络经济时代。网络经济时代具有一系列与以往经济时代不同的显著特征：

网络经济是以知识为基础。应用知识、添加创意成为经济活动的新核心。人们可以凭借网络进行知识的获取、加工和综合，并加上自己的创意，形成新的产品设计。因而，网络就变成了产生发明的工厂。

传统经济的土地、厂房将逐渐为知识所取代，知识将成为最重要的资产。组织、管理、经营、评估资产的方式也将随之而改变，包括改变了国家、地区的成长发展模式与国际竞争力。

对企业来说，创新变得越来越重要，其重要性将超过原材料与厂房。"淘汰自己的产品"，是新经济时代的生存法则。

一切信息都将数字化。现金、支票、股票、债券、报告、文章、照片以及面对面的会议，都将转化为数字"0"与"1"，在网络中传送着。这不但提升了信息传输与储存的数量、速度和品质，也增加了信息相互组合的可能性。

随着信息数字化的发展，虚拟化将成为一种趋势。虚拟银行、虚拟企业、虚拟办公室、虚拟商店、虚拟图书馆等等都将成为现实，并将彻底改变社会的经济活动方式。

网络使企业组织分子化。每个脑力劳动者是企业的最小单位，可以根据需要而灵活组合。在分子化的组织中，主动性、自觉性显得尤其重要。具有这类禀性的劳动者，通过网络合作，更能以知识和创意为产品增添价值。

企业逐步建立内部的网络组织，通过企业内外网络的结合，寻求市场与机会，网上贸易成为重要的商业行为。

在网络中，生产者与消费者将会直接接触，从而使彼此的界限变得模糊。消费者可以通过网络将自己的意见加入生产过程，使自己也成为部分生产者。而迎合消费者个别要求与品味的少量定制，将取代过去的大批量生产。

随着网络无国界的延伸，以及知识无国界的影响，网络经济必然是全球化的经济，而全球化又将会加速网络的延伸。

在网络经济时代下，学习比以往任何时候都显得重要。在一个不断变化着的世界上，接受教育是人们为了适应社会所能做的最好的准备。每当经济转型，那些受到了适当教育的人们在社会各方面总是表现得最出色。社会给予有技能的人的报酬也将越来越高。因此，未来的领导者是善于领导学习的领导者，未来最可靠的竞争优势是克服障碍去学习。网络时代的领导者不仅是下达指令的指挥官，更是要担负起领导学习的职责，建立让职员扩展能力的组织。

教育的内容、方式和宗旨也将有所改变。教育必须面向新时代。在网络中，知识随时都可以大量获取，所以教育的目标除了要学生获取知识，还要让学生做好准备，以适应对未来生活的挑战。为此，要强调合作性学习。因为在现实生活中，大多数问题都要依靠群体解决的。培养学生的个性也十分重要，未来的教育将建立在这样的认识基础上：网络时代是需要个人充分地发挥潜力的时代，因而必须摒弃一刀切的统一式的教育方式，要兼顾孩子认知方式的多样性。信息时代将使学习成为一种大规模的各取所需的过程。

毫无疑问，网络时代将产生一场教育革命。教育的目标将不再是一张文凭，而是为了终生受到教育。当今，人们通过网络就可以向任何能提供课程的大学注册，向著名的教授请教，迅速了解各种知识的最新进展，还可以按自己的时间安排学习进度，选择何时上课，交作业。在美国，目前已有约400万人通过网络进修课程，约有75所大学允许通过网络修得学位。

今天，网络时代的变化才刚刚开始，网络社会的出现也仅显示出冰山的一角。当全世界有几亿甚至更多的人，跃身进入全球网络这个海洋中"冲浪"时，世界将会变得怎样？

·····➤➤➤ **知识点**

经济增长方式

经济增长方式是指一个国家（或地区）经济增长的实现模式，它可分为两种形式：粗放型和集约型。根据总量生产函数分析和资本产出弹性与劳动产出弹性的计算，可将一个时期的经济增长率进行分解，即由生产要素投入量增加导致的经济增长和由要素生产率提高导致的部分。如果要素投入量增加引起的经济增长比重大，则为粗放型增长方式；如果要素生产率提高引起的经济增长比重大，则为集约型增长方式。但经济增长方式的区分只是相对的，不是绝对的，二者有时还是互相交叉的。

繁荣的电子贸易

计算机网络的普及是 20 世纪的奇迹之一。从 1993 年因特网被允许可商业应用到 1998 年上半年，全世界因特网用户已达 1.4 亿，而到了 2008 年，全世界因特网用户更是超过了 15 亿。随着科学技术的发展和信息技术在当代国际贸易中的应用，国际贸易的范围和类型发生了很大的变化。因特网的发展创造出一个全新的网上贸易市场，形成了一种新型的国际贸易形式。

早在因特网技术被普遍采用前，一些国内外大企业就已经采用了电子方式进行数据、表格等信息的交换，即电子数据交换（EDI）。20 世纪 60 年代，一些工业集团开发出用于采购、运输和财务应用的标准，这些标准仅限于工业界内的贸易。70 年代以来，为了 EDI 被广泛地被使用，美国认可标准委员会于 1983 年制订了 5 项美国国家标准，1989 年增至 32 项，1995 年发展至 245 项试用标准，目前已超过 300 项。标准化 EDI 已成为全世界电子商务的关键技术。EDI 由于在数据传送过程中不需要再输入，使出错率降为零，大大节约了时间和经费。经过 20 多年的发展和完善，它已成为一种全球性的、具有战略意义和商业价值的贸易手段。

电子数据交换无需任何纸张，因此，又称"无纸贸易"。"无纸贸易"的出现在全球范围内引起了一场结构性商务革命。有关研究结果表明，电子信息交换商贸文件传递的速度提高 81%，文件成本降低 38%，因错漏造成的商贸损失减少 40%，市场竞争力增强 34%。现在美国和欧盟多数国家的海关已明确表示，利用电子信息交换提供的表格文件将优先处理。

"电子国际贸易"远非仅限于国际贸易文件的"电子信息交换"。现在，许多国际间的商品交易直接通过因特网络进行。根据国际电信联盟的统计，1996 年因特网上的国际交易总额为 20 亿～30 亿美元，预计 1998 年可达到 500 亿美元，2000 年以后将超过 3000 亿美元。美国宣布，到 1999 年的所有政府采购全部通过电子网络进行。

有统计报告说，美国联网家庭中，有 12.5% 以上每年通过因特网进行七次采购，实现了坐在家中做买卖。1997 年，全球通过因特网实现的贸易金额接近 250 亿美元。而到了 2008 年，仅我国的电子商务的交易额就超过 3 万亿美元。

知识点

第四产业

第四产业是一种新的产业分类法中的一个产业层次，是人类产业经济的第四次分类。这是根据马克思主义关于"生产力决定生产关系"的基本原理以及劳动对象的非物质变化，理论结合实际，进行的一次新的探索。第四产业又称知识产业或信息产业，是在国民经济中按照特定标准划分出的一个部门。在新技术革命的推动下，人们把从事各种信息工作的部门称为第四产业。第四产业的概念是指包括教育、文化、广电、卫生（疾控）、体育、民政（残疾、福利、慈善）、环保、国防、司法、治安、社会保障、计生、宗教及民族事务等具有社会公共性和行政管理职能性的产业。

电子货币与网络银行

高科技的发展尤其是信息高速公路的兴建，使人们随时随地享受银行服务的梦想开始变成现实。与纸币、支票等截然不同的电子货币应运而生，一些国家已开始探索这一新领域的服务方式。

电子货币实际上是存有用户银行信息的智能卡。智能卡的表面被安置上了一块微芯片，智能卡是一种集成电路卡，大小如同信用卡，它是在一张塑料片上嵌有一块集成电路芯片而做成的电子付款卡，能贮存较多的信息，因此也称为 IC 卡。

智能 IC 卡的芯片有两种：一种是能处理数据的"缩微"电脑；另一种是存储 IC 卡，它的芯片仅仅是一个存储器，存储量为 256 千比特，比磁卡要大500 多倍。这两种 IC 卡，都能存储资金信息，且具有密码，即使丢失了，也不会给持卡人造成损失。电子货币的问世使银行可给用户提供更多的服务。

1995 年 7 月 3 日，英国开始在斯温顿地区实验流通电子货币。当用户办理电子货币服务项目后，银行就发给用户一个智能卡，将用户指定的存款数额信息存贮到智能卡中，并给用户一个密码，这样用户就拥有了一张现金卡。使用时，用户将现金卡插入商店里的电子货币收款机中就可支付货币。

各种各样的银行卡

与信用卡不同，现金卡不允许透支，使用时用户不必签字，接受方也不需要银行特别允许，其作用与现金没有本质的区别。

1996 年 10 月，在我国的北京、广州等地的中国银行推出了一种能与国际标准计算机网络联网的"长城电子借记卡"。这种卡也同时具有购物和提取现金两种功能，也设置有密码，使用户感到既方便又安全。人们把这种面向大众的卡称为"百姓信用卡"。

在上海的不少出租车上，安装了电子收款机，乘客可用电子货币——智能卡来支付车费。乘客到达目的地后，把卡插入收款机的刷卡口，只需短短20 秒，就能取到一张收据。这种电子收款机，可通过当地的无线移动通信网，与银行的转账系统相连，从而实现自动转账。

在公共交通方面，国内外已广泛使用非接触式智能卡。乘客只要持有一种智能卡储值车票，就能乘坐这一地区的各种交通工具：地铁、火车、轮船及市内公共（电）汽车。这种智能卡，给居民的出行带来极大的方便。

1997 年 9 月 23 日，蒙代克斯公司宣布开始研制通过移动电话随时随地付款的新型电子货币。使用时将电子货币插入槽中拨通银行的电话即可向供货方付款。银行可将款目划归供货方。如果供货方安装有专用的电子货币接收设备，那么用户就可直接用电子货币付款，这样保证了用户能随时随地使用电子货币。另外，当用户电子货币内的存款不足时，还可拨通银行的专用电话，将自己账户上的钱转入电子货币中。这也被人们称为电子钱包。

1998 年 7 月，美国推出了新的付款方式——电子支票，它简化了企业之间网上付款程序，使电子付款更容易，所用时间更短，效率更高。其工作程序是：支付公司需要用一种特殊的软件开一张数字支票，用一种稳妥的数字签名，签署后通过电子邮件发送给收款公司。几分钟后，收款公司收到函件，核查并用自己的数字签名，签署之后将其用电子邮件传送至银行，银行再像处理纸支票一样对其进行处理。通过这种方式，基金一夜之间即可抵达收款公司的账户上，将目前的传统付款方式所用的一周或更长的时间缩短到两天，甚至更短。参与这项计划的成本并不高，公司需要的电子支票软件每套几千美元，银行所需的软件每套几十万美元。分析家认为，这项电子支票计划的费用每个公司都能负担得起，这也是该计划成功的可能性比以往的尝试更大的原因之一。

一些专家认为，以电子货币为代表的新一代银行服务项目的兴起将对全球银行业产生巨大的冲击。网络银行是未来的趋势，银行必须适应新的网络金融环境。网络银行是一场革命，如果现在的商业银行忽略它，它就可能全面接管商业银行的资金媒介和支付服务职能，传统的银行就真会像比尔·盖茨所说那样"像恐龙一样灭亡"。

···➡ 知识点

边际效用递减法则

边际效用递减法则也称边际效益递减法则、边际贡献递减，是经济学的一个基本概念，是指在一个以资源作为投入的企业，单位资源投入对产品产出的效用是不断递减的，换句话，就是虽然其产出总量是递增的，但是其二阶导数为负，使得其增长速度不断变慢，使得其最终趋于峰值，并有可能衰退，即可变要素的边际产量会递减。当消费者消费某一物品的总数量越来越多时，其新增加的最后一单位物品的消费所获得的效用（即边际效用）通常会呈现越来越少的现象（递减），称之边际效用递减法则。也叫做戈森第一法则。

网络销售与网购

随着网络的普及，上街购物已经不再是人们购买商品的唯一选择，越来越多的人更喜欢通过网络浏览、购买商品。于是，一些零售商纷纷抓住顾客的这个特点，在网络上提供商品销售服务。有的则是利用因特网作为行销的管道。例如，20世纪90年代，美国一对双胞胎兄弟在自己家里设立一家光盘唱片公司，销售美国发行的所有光盘及2万张进口光盘，透过因特网供客户订货，通常在24小时内即将光盘送到顾客家里。这家公司不需店面成本，也没有库存成本，因为该公司是在接受订单之后，通过经销商将货物送出去。加上网站上的广告收入，这家公司1996年营业额达600万美元，营业毛利率18%。

利用网络进行销售的首要特点，就是传递信息的花费远比传统行销方式低廉得多。对于着重提供大量信息、需要大量零售人员的企业来说，网络可以说是威力强大又经济的工具。但是，网络行销也有其脆弱的一面，就是需要消费者化被动为主动，自己透过网络来查询信息。如果消费者缺乏主动查询的动机，网络行销就无法发挥它的最大潜力。因此，消费者网上查找信息的主动性直接制约着网络行销的发展。

为了改变这种情况，英国与美国的一些音乐出版公司，不但让消费者进入公司在网络上的资料库进行查询，更可以直接在网络上发出购买产品指令。不过与寻找信息的人相比较，真正透过网络购买的人是非常少的。最主要的原因是消费者对于信息的安全与隐私仍有顾虑，不愿意在网络上使用自己的信用卡号码或其他敏感的信息。

在消费者搜寻信息的动机强烈，或是主动购买意愿高的市场中，网络是强有力的行销工具，力量超过零售商店等传统行销方式。此外，消费者已经有充分信息，但还是愿意主动寻找商品，也是网络行销占优势的市场。现在这类市场的许多厂商已经采用邮购、电话或是传真行销方式，未来也都将以电子交互媒介为行销管道。

当然，网上零售主要的成功因素，还得看产品的选择。价格昂贵而形体巨大的货品如家具等都不适用于在网上发售。一般消费者购买家具时都希望到商店参观，试一下产品才认购。相反，其他货品如机票、书本、戏票、鲜花等，网上购物已逐渐被消费者接受。

总的来说，商家应当视网上的商业贸易为一个可以利用因特网建立的新生意，但同时须拟定周全计划。盲目将产品堆在网页上，只会事倍功半。

知识点

信息经济与知识经济的区别

信息经济主要是以信息科学技术为基础的经济，而知识经济是以整个科学技术为基础的经济；信息经济与知识经济都是知识密集型的经济，但后者中知识所含的内容更加广泛，不仅包括信息业，而且包括现代工业、现代农业和现代服务业；信息、知识、信息经济、知识经济等相关概念还存在层次上的差异性。随着国民经济信息化的推进，信息经济已经产生，并在迅速发展中，但尚未充分发达起来。在这种情况下，用知识经济的观点来促进信息经济的发展是必要的，但不能用它来代替信息经济。

电子出版

我国是印刷技术发明最早的国家之一，活字印刷是我国四大发明之一。活字印刷术的使用，对古代书籍的编辑、印制都产生了积极的影响。

传统的图书出版时将文章排版、制版，然后将其印刷在纸张上，最后装订成册。随着计算机技术及多媒体技术的发展，出版发行进入电子出版时代。

所谓电子出版，是指在整个出版过程中，从编辑、制作到发行，所有信息都以统一的二进制代码的数字化形式存储于磁、光、电等介质中，信息的处理与传递借助计算机或类似的设备来进行的一种出版形式。

电子出版过程分为三个阶段：

1. 构建阶段（Konstruktionsphase）——编辑把作者送来的信息（稿件）加工整理成可供使用的文本形式。

2. 发行阶段（Distributionsphase）——包含文本制成之后到可供读者使用这个时段。

3. 接受阶段（Rezeptionsphase）——读者最终接受所提供的信息。

电子出版分成"在线电子出版"（Elektronisches Online – Publizieren）和"离线电子出版"（Elektronisches Offline – Publizieren）两大类型。

就在线电子出版说来，电子手段贯穿这三个阶段："电子构成"指借助计算机生成文本，所生成的是电子形式的文本；"电子发行"指文本超越邮递等非电子的发行渠道，通过计算机网络传播；"电子接受"指读者借助电子数据处理（EDV）装置读取信息，不同于通过纸质材料等非电子手段接受信息。

而在离线电子出版的情况下，电子形式的文本不是以电子方式而是通过非电子方式发行的，如邮寄载有电子文本的软盘或光盘，读者再用计算机读取。

网络广告

所谓网络广告就是利用网站上的广告横幅、文本链接、多媒体的方法，在互联网刊登或发布广告，通过网络传递到互联网用户的一种高科技广告运作方式。

网络广告发源于美国。1994 年 10 月 14 日，美国著名的 Wired 杂志推出了网络版 Hotwired，其主页上开始有 AT&T 等 14 个客户的广告 Banner。这是互联网广告里程碑式的一个标志。

1997 年 3 月，中国的第一个商业性的网络广告出现，传播网站是 Chinabyte，广告表现形式为 468×60 像素的动画旗帜广告。Intel 和 IBM 是国内最早在互联网上投放广告的广告主。我国网络广告一直到 1999 年初才稍有规模。历经多年的发展，网络广告行业经过数次洗礼已经慢慢走向成熟。

网络广告是随着国际互联网的发展而逐步兴起，是新生代的广告媒介，它具有传统媒介广告所有优点，又具有传统媒介所无法比拟的优势。电子网络广告可以分为广义和狭义两种，广义的电子网络广告指企业在互联网上发布的一切信息。包括企业的互联网域名、网站、网页等；狭义的电子网络广告一般指建立一个含广告内容的 WWW 节点，目前多为标题广告，用户通过点击这一含超连接的标题，将被带至广告主的 WWW 节点。电子网络广告主要有以下特点：

一、传播对象面广。网络广告的对象是与互联网相连的所有计算机终端客户，通过互联网将产品、服务等信息传送到世界各地，其世界性广告覆盖范围使其他广告媒介望尘莫及。

二、表现手段丰富多样。电子网络广告采用文字介绍、声音、影像、图像、颜色、音乐等于一体的丰富表现手段，具有报纸、电视的各种优点，更加吸引受众。网络广告制作成本低、时效长以及高科技形象将使越来越多的工商企业选择网络广告作为重要国际广告媒体之一。

三、内容种类繁多，信息面广。网络广告的内容大到飞机、小到口香糖均可上网做广告。庞大的互联网网络广告能够容纳难以计量的内容和信息，它的广告信息面之广、量之大是报纸、电视无法比拟的。如报纸广告的信息量受到版面篇幅限制；电视广告的信息量受到频道播出时间和播出费用的限制。而网络广告则完全突破了这些限制。

四、多对多的传播过程。报纸广告基本是一对一的传播过程，电视传媒则是一对多

信息港的网络广告

的方式，而互联网上的广告则是多对多的传播过程。之所以这样，是因为在互联网上有众多的信息提供者和信息接受者，他们既在互联网上发布广告信息，也从网上获取自己所需产品和服务的广告信息。

五、具有互动性。也就是说企业或个人将广告信息内容准备好，放置于站点上，所有网络用户都可以通过上网及时查看，获取广告信息，即人－机－人模式。例如，一家公司发布了网络广告，当某个人收到该信息并对该公司的产品产生了兴趣，就可通过电子邮件、网络电话、网络传真等向该公司询问各类有关问题，得到满意答复后，可通过电子商务手段实现商品购买。

与传统的四大传播媒体（报纸、杂志、电视、广播）广告及近来备受垂青的户外广告相比，网络广告具有得天独厚的优势，是实施现代营销媒体战略的重要一部分。目前网络广告的市场正在以惊人的速度增长，网络广告发挥的效用越来越显得重要，已经成为第五大传播媒体。因而，众多广告公司都成立了专门的"网络媒体分部"，以开拓网络广告的巨大市场。

军事与信息化

JUNSHI YU XINXIHUA

　　信息化建设是军队面临的一项庞大而复杂的系统工程，它不是一个单纯的技术问题，更不是一个单纯的理论问题，而是一场涉及技术、理论、观念、管理及社会多个层面的深刻变革。伴随着世界新军事变革的暴风骤雨，信息化建设的浪潮正在世界军事领域咆哮奔涌。为应对挑战，许多国家的军队正在加速推进向信息化军队的转型。但从当前各国军队信息化建设的实际情况来看，机械化战争的旧理念和工业时代的思维方式，已经成为前进道路上的桎梏，所以军事变革势在必行，以信息技术为重要支撑，发展并开发应用网络，是社会信息化发展的重要特征和趋势。

信息化武器与弹药

武器装备信息化

　　随着信息化的到来，人类社会的发展将发生重大变化，社会中的一切都将受到信息化的影响，军事领域也将受其影响，武器将成为信息化的武器，军队将成为信息化的军队，战争将成为信息化的战争。

所谓武器装备信息化，是指利用信息技术和计算机技术，使武器装备在预警探测、情报侦察、精确制导、火力打击、指挥控制、通信联络、战场管理等方面实现信息采集、融合、处理、传输、显示的网络化、自动化和实时化。

武器装备的信息化沿着两个方向发展：一个是对机械化武器装备进行信息化改造和提升。需要说明的是，武器装

用信息化武器武装的士兵

备信息化不是对机械化武器装备的简单否定和抛弃，而是对机械化武器装备改造和提升。形象地讲，就是把计算机技术和信息技术以模块形式嵌入机械化武器装备之中，使机械化武器装备具备类似于人的"眼睛、神经和大脑"的功能，从而使其综合作战效能倍增，满足信息战争作战的需要；另一个方向是研制新的信息化武器装备，如 C⁴ISR 系统、计算机网络病毒、军事智能机器人等。武器装备信息化将使电子信息系统在武器装备体系中的比重越来越大，相应的作战保障装备的地位和作用不断日益重要，武器装备体系中除了传统的硬杀伤兵器，还将出现软杀伤兵器。

信息化弹药

信息化弹药包括制导炸弹、制导炮弹、制导子母弹、巡航导弹、末制导导弹、反辐射导弹等精确制导武器。这些武器实质上是一种能够获取和利用目标所提供的位置信息修正自己弹道，并准确命中目标的弹药。这些武器具有一定的智能，可以在敌方火力网外发射，自主地识别、攻击目标，而且命中精度也非常高。

在海湾战争中，美国空军使用占总投弹量3％的精确制导炸弹，对占总数

信息化制导导弹

40% 的战略目标实施攻击，命中率超过 80%。在伊拉克战争中，美军对伊拉克的空袭几乎全是精确制导弹药。与海湾战争时相比，使用的精确制导弹药射程更远、精度更高、弹头威力更大。目前，精确制导弹药的发展已经到了第三代，具备了"发射后不用管"的自主识别和攻击目标的能力，战役战术制导弹药的命中精度，近程的已达 0.1~1 米，中程的小于 10 米，远程的为 10~15 米。与普通弹药相比，作战效益提高了 100~1000 倍，效费比提高了 30~40 倍。

此外，一些信息化弹药还将借助于声波、无线电波、可见光、红外、激光以至气体、气味等来传递目标信息。在将来，除了步枪、机枪弹药之外的各种弹药，都将是信息化弹药。信息化弹药必将对战术、战法产生很大的影响，它将大大减少盲目射击、地毯式轰炸以及作战目标之外的附带毁伤。

从常规意义上讲，弹药是对敌目标实施硬毁伤的终端载荷，如人们熟悉的杀伤榴弹、破甲弹、穿甲弹、子母弹、燃烧弹等，在战场上都曾大显身手。随着战争的不断演进和高新技术的迅猛发展，促使人们对弹药内涵和本质的认识日益深化，各种新概念、新原理、新功能的弹药层出不穷。特别是为适应信息化战争要求，弹药的信息化已作为武器装备信息化的重要组成部分，世界各军事强国对其发展均给予了高度重视。从发展趋势看，未来陆军弹药将是以弹体作为运载平台，能够实现态势感知、电子对抗、精确打击、高效毁伤和毁伤评估等功能的灵巧化、制导化、智能化、微型化、多能化，呈现出一系列发展新趋势。

研制超远程制导炮弹，提高常规火炮系统纵深打击能力。从弹药技术来看，超远程制导炮弹包含了增程技术、制导技术、子母弹技术、新材料技术等。其制导、导航和控制子系统，通过控制整个弹体来改变弹道最高点后的飞行轨道，使弹丸高速飞行，并沿一个小的倾斜角滑翔，从而提高射程，其投放精度可达到20米左右，使战斗力倍增。

开展软杀伤/新概念弹药技术研究，满足未来作战需求。战时某些民用目标如桥梁、发电厂、交通枢纽等均可成为重要打击目标，所以开展软杀伤/新概念弹药技术研究，成为各国弹药发展的一个重要方向。近年来，出现了携带导电复合（碳）纤维、燃料空气炸药、温压炸药等装填物的软/硬毁伤战斗部，并研发电磁脉冲、高功率微波、强光致盲、复合干扰与诱饵等新概念战斗部，甚至有些战斗部的有效性已得到战争验证。而在特定条件下，软杀伤战斗部对敌方人员心理和精神上的威慑力，远远大于其他类型战斗部。

发展复合作用和多用途弹药，实现一种弹药对付多种目标。由于新型目标不断出现，需要专门的弹药才能产生较好的毁伤作用，因此，一些弹药加速向复合功能方向发展，以便最大限度地发挥弹药对目标的毁伤能力。同时，用于对付多种目标的多用途弹药也受到重视。其中，活性破片就是当前开发的一种，其活性含能材料因受到强冲击作用而快速发生化学反应，释放大量能量并产生强烈爆炸效应。活性破片战斗部具有动能侵彻效应和内爆毁伤效应，对大幅度提高防空反导弹药杀伤威力有重要应用前景。

采用系列化和模块化设计方法，实现一种弹药多平台携带和一弹携带多种弹药。战场环境日益复杂和大量出现的高价值新型目标，弹药的模块化、系列化、通用化受到越来越高度的重视。可根据战场的需要组合成不同武器，达到高效毁伤的目的。与此同时，子母弹技术得到了广泛的应用。为提高对付深埋目标的能力，串联复合侵彻战斗部及其智能引信技术成为一个重要发展趋势。

多用途空心装药技术可用于毁伤装甲和掩体目标，进行城区作战。对付装甲目标时，采用可选择引信，具有高侵彻装甲能力；对付掩体目标时，采用延期引信，以便高爆炸弹药侵入目标后爆炸；在城区作战中，采用侵彻/爆炸弹药，提高城区作战能力。这类弹药重量轻、成本低，成为弹药领域一个重要发展趋势。随着高新技术的开发与应用，弹药和导弹将广泛采用各种引信启动区的自适应控制技术，即智能化引信，以适应作战需要。

发展性能更先进的灵巧炮弹，提高对目标的打击效果。目前主要有两种弹药：一种是弹道修正加末段制导技术。弹道修正弹药要向前发展，则需采用末段跟踪或末段制导技术。海湾战争及科索沃战争的经验表明，美军认为迫切需要一种既能精确打击目标、同时又能评估目标毁伤效果的新型弹药，为下一步攻击提供及时准确的打击依据。目前，法国、德国、英国等国家也在进行这方面的研究，并提出一种研究方案，即在炮弹的后面放出光纤电缆，当其接近目标时，可使操作手从弹丸头部的摄像机看到目标，能进行制导调整和瞬间毁伤评估。这种技术已在法国、德国研制的独眼巨人导弹上做了演示；英国则研究在 MLRS 火箭弹上使用这种新技术，并在加紧做常规炮弹应用研究。

> **知识点**

系统维护

为了清除系统运行中发生的故障和错误，软、硬件维护人员要对系统进行必要的修改与完善；为了使系统适应用户环境的变化，满足新提出的需要，也要对原系统做些局部的更新，这些工作称为系统维护。系统维护的任务是改正软件系统在使用过程中发现的隐含错误，扩充在使用过程中用户提出的新的功能及性能要求，其目的是维护软件系统的"正常运作"。这阶段的文档是软件问题报告和软件修改报告，它记录发现软件错误的情况以及修改软件的过程。

电子对抗技术与应用

在现代高技术战争中，电子对抗起着很重要的作用。实际上，早在 1895 年，随着世界上第一台火花电报机的问世，军事领域里的通信对抗便应运而生了。比如在 1904 年日俄战争中，交战双方就曾经利用无线电设备，侦听、干扰对方的通信联络。起初，并没有人专门去干这样的事情，它属于军事通信人员兼营的"副业"。后来,在实战应用中人们尝到了甜头,这才由此分化出一个独立的行当。

真正自觉地运用电子对抗手段并研制专门的电子对抗设备,是在第一次世界大战期间。当时,德国人大量使用飞艇轰炸英国首都伦敦。为了实现精确导航,德国便派人在英国境内秘密设置了无线电信标台,而英国人则用无线电测向机查出了德国密探的准确方位,并将其一举抓获。然后将计就计,在德国飞艇再次出现时,将其引导到英国北海岸一个无人居住的地区,用预先准备的歼击机将飞艇消灭,这是空战史上首次使用电子对抗斗争的范例。

在第二次世界大战中,电子对抗更是得到了广泛的应用。其应用的范围,从通信、导航扩展到雷达预警。可以说,哪里有电子技术,哪里就有电子对抗。日军偷袭珍珠港、美军击落山本五十六座机,电子对抗都起到了至关重要的作用。在整个二战期间,盟军与德军斗智谋,很大一部分力量用

电子对抗战示意图

在了电子对抗上,从而也促进了电子对抗技术的发展。因此,我们可以说,今天使用的大部分电子对抗技术,在二战时期都已开始出现或广泛应用。

当然,电子对抗真正成为战争舞台上的主角,只是近半个世纪的事情。电子计算机的出现,使电子对抗如虎添翼。而微电子技术的发展,则使电子对抗无孔不入。在经历了朝鲜战争、越南战争、马岛之战等一系列战火的洗礼之后,电子对抗已经从通信对抗、雷达对抗发展到电子武器系统的全面对抗。武器电子化,电子武器化,成了现代高技术战争的一大特点;掌握制电磁权,已经被放在了和掌握制海权、制空权、制天权同等重要的位置。

电子对抗的作用,主要包含两方面的内容:一是电子进攻,二是电子防

御。电子对抗的基本招数，不外乎找、扰、剿、保四个字。

在电子进攻上，首先要寻找敌方的电台，寻找敌方的雷达，寻找敌方的一切靠发射和接收电磁波进行工作的武器装备和固定设施的位置、特点和活动规律。寻找的对象不同，采取的对抗手段也不一样：在几千米、几十千米范围内，可以用测向机找；在上百千米乃至数百千米范围内，可以用电子侦察船和电子侦察飞机找。其次是干扰，使敌方雷达迷茫、通信中断、武器失控、指挥瘫痪。电子干扰的办法有两种：一种叫做有源干扰或积极干扰，就是针对敌方雷达与电台的工作频率，施放瞄准式或覆盖式干扰，搅得你图像畸变、声音混乱、精力分散、诸事不成；另一种叫做无源干扰或消极干扰，它是利用具有反射或吸收电磁波功能的材料，制成箔条、角反射器或者电离气悬体，有意制造假象，使敌方雷达要么收不到回波信号，要么收到的信号与真实情况不符，大的变小，多的变少，甚至无中生有，让敌人自乱阵脚。最后就是剿灭。早先，人们利用电子测向定位技术，操纵多种火力摧毁敌方的辐射源及防空体系。越南战争期间，美国的"百舌鸟"反辐射导弹异军突起，这种专门以进攻辐射源为本职工作的导弹，被人称为"雷达的克星"。海湾战争中，反辐射导弹再显神威，美国发射的200多枚"哈姆"反辐射导弹，将伊军的雷达摧毁殆尽，使多国部队的飞机如入无人之境，几乎没有遇到任何阻力就获得了制空权。海湾战争以后，许多国家纷纷展开了反辐射导弹、反辐射无人机的研制工作。

当然，只有更好地保存自己，才能有效地消灭敌人。在加强电子进攻的同时，还必须要搞好电子防御，确保己方电子设备和系统充分发挥效能。为此，必须做到管得严（平时严格控制雷达开机和无线电波发射），联得快（实行快速通信，减少信号留空时间），变得奇（采用低截获概率技术和频率捷变技术，让敌方抓不着），藏得巧（采用多基地雷达，或将收、发信台分开配置等）。

可以说，电子对抗就是一部大型交响乐，是攻与防、战与藏、单项技术与指挥艺术的有机结合，任何一个环节都马虎不得。

电子对抗飞机是一种专门用于对敌方雷达、无线电通信设备和电子制导系统等实施电子侦察、电子干扰或袭击的飞机。电子对抗飞机通常用其他军用飞机改装而成。它分为电子侦察机、电子干扰飞机和反雷达飞机。

电子侦察飞机。通过对电磁信号的侦收、识别、定位、分析和录取，获取有关情报。它装有宽频带的电子侦察系统。

电子干扰飞机。主要用以对敌方防空体系内的警戒引导雷达、目标指示雷达、制导雷达、炮瞄雷达和陆空指挥通信设备等实施电子干扰，掩护航空兵突防。

反雷达飞机。主要用于袭击地面防空系统的火控雷达。它装有告警引导接收系统、反雷达导弹和其他制导武器。随着科学技术的进步与发展，出现多用途电子对抗飞机和无人驾驶电子对抗飞机。

电子对抗飞机的任务主要是通过告警、施放电子干扰、对敌地面搜索雷达和制导雷达进行反辐射攻击等方式，掩护己方航空兵部队顺利遂行截击、轰炸等作战任务。所以，有人称电子对抗飞行是战斗机等主战飞机的"保护神"。

电子对抗飞机诞生于第二次世界大战中。二战期间，为了对付敌方新出现的警戒雷达和炮瞄雷达，英、美、德等国相继研制出了早期

安装有电子对抗技术的飞机

的电子干扰装置。1939年5月，英国人首次开发成功机载型电波干扰器，经过改进后，于40年代初安装在轰炸机上，在对德国本土进行空袭时，用它干扰防空雷达。同一时期，美国航空兵为了减轻德军防空部队炮瞄雷达的威胁，开始为轰炸机配备APT-2型电波干扰器，结果飞机的损失率由12.6%降到7.5%。此外，美、英还将"惠灵顿"、B-24等型轰炸机改装成电子侦察机，对德军的雷达、通信系统进行侦察。

二战结束后，随着电子对抗技术的发展，一些著名的专用电子对抗飞机由此诞生。如美国的P2V-7电子侦察机、EB-66电子干扰机、F-105G反

雷达飞机等。大部分的战斗机和攻击机也开始配备较完善的机载自卫干扰系统。

20世纪70年代以后，机载电子对抗技术有了明显的提高，电子对抗设备日趋完善，电磁频谱斗争的范围不断扩大。1982年的贝卡谷地之战，以军把电子对抗技术和电子战战术发挥得淋漓尽致，以极小的代价，取得了一举将叙军19个地空导弹阵地全部摧毁的胜利。在战争中，以军不仅充分利用已掌握的电磁优势，而且在作战中更多地有计划、有组织地运用无人侦察机、预警机、电子战飞机等技术勤务飞机，辅助和指挥己方的战斗机、攻击机实施精确打击行动，从而取得了惊人的战果。

在海湾战争中，电子对抗飞机再次让人刮目相看。在"沙漠风暴"开始之前五个小时，多国部队就派出EA-6B、EF-111、F-4G、EC-130等专用电子对抗飞机，对伊拉克境内的雷达、通信、指挥设施和防空系统进行了强烈的电磁干扰，使伊军雷达荧光屏一片"白雪"。大规模空袭发起后的头一个小时内，在前头开路的F-4G等飞机，就向伊军雷达和防空阵地发射了200余枚高速反辐射导弹，从而保障了攻击编队的安全突出。多国部队实施的"白雪"电子战，造成了伊军通信中断、雷达迷盲、指挥瘫痪、防空导弹失灵，大大提高了己方作战飞机的生存率和行动自由度。

战后，美国海军反映，当战斗机编队有EA-6B电子干扰机护航时，几乎就没有受到伊军地对空导弹的攻击。这也再次证明，只有夺得整个战场的制电磁权，才能获取制空权，并进而以较少的损失赢得战争的胜利。海湾战争中，多国部队飞机的战损率只有0.3‰，其原因固然很多，但电子对抗飞机的支援和保障作用不可低估。

···▶▶ 知识点

逻辑运算

逻辑运算又称布尔运算，布尔用数学方法研究逻辑问题，成功地建立了逻辑演算。他用等式表示判断，把推理看作等式的变换。这种变换的有效性不依赖人们对符号的解释，只依赖于符号的组合规律。这一逻辑理论人们常称它为布尔代数。20 世纪 30 年代，逻辑代数在电路系统上获得应用，随后，由于电子技术与计算机的发展，出现各种复杂的大系统，它们的变换规律也遵守布尔所揭示的规律。

声呐技术

声呐就是利用水中声波对水下目标进行探测、定位和通信的电子设备，是水声学中应用最广泛、最重要的一种装置。它是 SONAR 一词的"义音两顾"的译称（旧译为声呐），SONAR 是 Sound Navigation And Ranging（声音导航测距）的缩写。

声呐技术至今已有 100 年历史，它是 1906 年由英国海军的刘易斯·尼克森所发明。他发明的第一部声呐仪是一种被动式的聆听装置，主要用来侦测冰山。这种技术，到第一次世界大战时被应用到战场上，用来侦测潜藏在水底的潜水艇。

目前，声呐是各国海军进行水下监视使用的主要技术，用于对水下目标进行探测、分类、定位和跟踪；进行水下通信和导航，保障舰艇、反潜飞机和反潜直升机的战术机动和水中武器的使用。此外，声呐技术还广泛用于鱼雷制导、水雷引信以及鱼群探测、海洋石油勘探、船舶导航、水下作业、水文测量和海底地质地貌的勘测等。

在水中进行观察和测量，声波有着得天独厚的条件。

在海洋之所以不能像在宇宙空间那样使用雷达，主要原因是海洋中作为能量传播介质的海水是一种导电体；当电磁波辐射到海水之中时，它的大部分能量会被海水吸收掉，使传播距离受到严格的限制。而用光波也不行，光波本身属于频率更高的电磁波，在海水中被吸收衰减得更厉害；浑浊的海水会更严重地影响它的传播。

声波受海水吸收衰减很小，能传播很远的距离。拿相同能量的电磁波和声波比，声波能量的吸收衰减低于电磁波的 1‰。也就是说电磁波走 1 千米就消失，而声波却能走 1000 千米。

声呐测试仪

所以，声波是海洋中信息传播的较理想形式。

声呐装置一般由基阵、电子机柜和辅助设备三部分组成。基阵由水声换能器以一定几何图形排列组合而成，其外形通常为球形、柱形、平板形或线列行，有接收基阵、发射机阵或收发合一基阵之分。电子机柜一般有发射、接收、显示和控制等分系统。辅助设备包括电源设备、连接电缆、水下接线箱和增音机、与声呐基阵的传动控制相配套的升降、回转、俯仰、收放、拖曳、吊放、投放等装置，以及声呐导流罩等。

换能器是声呐中的重要器件，它是声能与其他形式的能如机械能、电能、磁能等相互转换的装置。它有两个用途：一是在水下发射声波，称为"发射换能器"，相当于空气中的扬声器；二是在水下接收声波，称为"接收换能器"，相当于空气中的传声器（换能器在实际使用时往往同时用于发射和接收声波，专门用于接收的换能器又称为"水听器"。换能器的工作原理是利用某些材料在电场或磁场的作用下发生伸缩的压电效应或磁致伸缩效应）。

声呐设备门类广、型号多，根据它们的工作方式，可分为被动声呐和主动声呐两类。

被动声呐本身不发射声信号，只处于被动接收工作状态，所以也叫无源声呐。无源声纳主要用于检测目标所辐射的声信号，如潜艇噪声、鱼群噪声等。

主动声呐是一种有源声呐，它通过自己向海洋发出的声信号和目标反射回波，经处理达到测距定位的目的，广泛应用于海洋目标的探测、定位导航等方面。

第一次世界大战期间，德国采取无限制潜艇政策，使英国一方受到了沉重的打击。为了防潜反潜，法国物理学家郎之万研究了水下超声波的反射，利用1880年法国化学家发现的压电晶体，制成了压电陶瓷，创立了超声学和水声学。

到了第二次世界大战，随着电子技术的发展以及超声学、水声学基础研究的不断深入，人们利用压电陶瓷制成了声呐。那时，几乎所有的舰船都装上了它，在战争中发挥了重大的作用。如今，随着军队信息化的发展，声呐也越来越受到人们的重视。

···▶▶知识点

声呐浮标

与机上的浮标投放装置、无线电信号接收机和信号处理显示设备等组成声呐浮标系统。使用时，载机先将浮标组按一定的阵式投布于搜索海区，尔后在海区上空盘旋，接收和监听由浮标组发现的经无线电调制发射的目标信息。被动式声呐浮标对水下以6节速度航行潜艇的探测半径为2~5海里，最大10海里；主动式声呐浮标的回声定位距离为1.5海里左右。现代航空声呐浮标系统，已成为机载综合反潜战术情报和指挥控制系统的一个组成部分。

电脑病毒与网络战争

电脑病毒武器

电脑病毒可以说是进行信息战的重要武器。自从1980年美国编制出第一个电脑病毒程序至今，世界上已出现了上千种不同类型的电脑病毒，并以其特有的性能引起了世界各国的极大关注。

电脑病毒具有如下两大特点：一是繁殖能力强，传染途径广。电脑病毒和生物病毒一样，繁殖能力极强，电脑一旦染毒可以很快"发作"，并可以通过有线网络、硬件、交换等途径传染。美国国家保密局以及陆、海、空三军的绝密情报机构，一直在研究利用已经缠住家庭和办公室电脑的特别致命的计算机病毒来传染敌人计算机系统的办法。二是潜伏期长，破坏力大。电脑染毒以后也可以不马上"发作"，而是潜伏起来，等待时机成熟再发作。发作后，轻则可干扰系统的正常运行，重则消除磁盘数据，删除文件，导致整个电脑系统的瘫痪。美国研制的一种病毒——逻辑炸弹，就可以在预先确定的时间内控制敌人的计算机系统，在这个时间内它将出现并开始吃掉数据。据报道，海湾战争爆发前，美军利用伊拉克为其防空系统购买电脑的机会，派人秘密将载有"病毒"的芯片装入电脑，通过法国卖给伊拉克，战略空袭前以无线电遥控的方法将隐蔽的"病毒"激活，致使伊拉克的预警、指挥、通信和火控系统陷入瘫痪，战争刚刚开始就蒙受了巨大损失。

海湾战争刚一结束，美国就大胆地提出了研究专门用于攻击飞机、坦克、舰艇、导弹等的电脑病毒武器的设想。通过几年的论证后，美国防部就组织人力研制一种电脑病毒枪。此枪可定向对飞机、坦克、舰艇、导弹以及带有电脑的装备发射带病毒的电磁波，使其电脑程序错乱或删除，无法正常工作而丧失战斗力，甚至自我爆炸、自我摧毁。美国声称，此枪一旦研制成功，像米格－33那样世界一流的战斗机，只需攻击10秒钟就会变成一块空中废铁。此外，在战时，此枪还可对敌国的金融、商业、交通、通信等行业的电脑管理和运行中心进行攻击破坏，造成对方经济和社会的混乱而放弃战争。

网络黑客与网络战争

所谓网络"黑客"，是指那些为了某种特定目的而采取特殊手段，非法侵入互联网络系统的计算机操作者。由于这些"黑客"往往具有超人的计算机操作本领，所以他们可以很方便地插入以计算机为核心、以各种通信手段和数据库为主组成的网络系统中，并方便地光顾那些本属禁区的军事要害部门，从事一些非法活动，从而给一个国家的安全造成巨大威胁。网络"黑客"的出现已令军事专家们大伤脑筋，尤其是那些信息技术和网络建设走在前列的发达国家。

1995年9月18日，在美国马萨诸塞州汉斯科姆空军基地电子系统中心，进行了一场旨在"篡夺美国大西洋舰队指挥权"的特殊演习。这场演习的代号为"联合勇士"，其目的是检验美国国防系统的安全性。参加这次演习的人员除五角大楼内的要人外，"主角"只有一个人——一名年轻的空军上尉。这个年轻的军官试图做原苏联早就想做但却未能如愿的事情。对于他是否真的能"篡夺"美军大西洋舰队的指挥权，当时所有在场参演观看的政府要人们都持怀疑态度。

参演前，这位年轻的空军军官从商店里买来了一台普通的计算机和调制解调器，并以此作为他唯一的武器。他既没有特别的内线情报，也没有出入五角大楼的特别通行证，唯一的参战资本就是他所拥有的"计算机神童"的天资。

演习开始了，年轻的空军上尉首先把自己的计算机并入互联网络，键入了几个判断正误的字符后，便与当地互联网络提供者中心接上了头。紧接着，一阵"喀嚓"声和"嗡嗡"声之后，一段看似简单的电子邮件信息便进入了目标军舰的计算机系统内。军舰计算机系统接到命令后，立即将接收到的指令送往舰载指挥控制中心。此刻，聚集在演习现场的人们屏住了呼吸，紧张的心情犹如一颗即将引爆的定时炸弹。几秒钟之后，马萨诸塞州汉斯科姆空军基地电子系统中心控制室的计算机屏幕上便打出了一行"控制完成"的字样，这标志着"黑客"已经顺利打开所有关口，安全进入军事目标区。在座的所有人员由起初的疑惑一下子跌入了恐惧之中。

此刻，除了一些级别极高的海军将领外，作为演习对象的美海军大西洋舰队的海军指挥官却毫无所知，仍像往常一样，照例接受着计算机系统所发出的指令，他们万万没有想到自己的舰艇指挥权正悄然落入他人之手。随着隐藏在电子邮件信息中的密码在各军舰计算机中的不断复制，目标军舰一只接一只地拱手交出了指挥权。就这样，在短暂的时间里，整个海军指挥权就被一根电话线完全操纵了。但对这些可怜的海军舰长们来说，最值得庆幸的是，这个篡夺指挥权的入侵者——网络"黑客"并无任何敌意，他只不过是在奉命试验国防系统的安全性，否则，其后果将不堪设想。演习结束后，一位参演的高级官员不无感慨地说："这说明，在保护信息系统方面我们还要做很大努力。"

为了应对网络黑客的袭击，五角大楼专门委派了一名将军来负责统帅美国的"网上特种兵"。这支部队主要有三方面任务：第一，试验各种现有网络武器的效果；第二，制定美国使用网络武器的详细条例；第三，培训出一支"过硬的网上攻击队伍"。

2006年年底，美国国防部还组建了一支全新的部队——网络媒体战部队。网络媒体战部队成员不仅具有较高的计算机水平，而且具有深厚的新闻宣传理论知识。他们既是电脑高手，又是出色的"记者"。这支新军将全天候24小时鏖战互联网，"力争纠正错误信息"，帮助美军对抗"不准确"新闻、引导利己报道。

美国著名军事预测学家詹姆斯·亚当斯在其所著的《下一场世界战争》中曾预言：在未来的战争中，计算机本身就是武器，前线无处不在。夺取作战空间控制权的不是炮弹和子弹，而是计算机网络里流动的比特和字节。而这正是未来网络作战的真实写照。

用信息化武装军事

军队信息化

军队信息化是指在国家最高军事领率机关的统一规划和组织下，在军队建设的各个方面应用现代信息技术，深入开发，广泛利用信息资源，加速实现军队现代化。

军队信息化建设的根本目的是提高军队的核心战斗力——信息力和结构力。结构力是军队因大量采用信息技术而使其武器装备、军事人员、体制编制和军事理论实现科学合理的整合后产生的 $1+1>2$ 的作战能力。这里，我们可把结构力分解为功能结构力和组织结构力。功能结构力是指目标探测、跟踪识别、指挥控制、火力打击、战场防护、作战机动和毁伤评估等作战功能实现一体化后产生的作战能力；组织结构力则是陆、海、空、天、电等各作战单元和各种部队一体化、网络化后生成的作战能力。

军队信息化建设是建设信息化军队的过程，信息化军队是军队信息化建设的最终结果。信息化军队，是信息时代的主要军队形态，是规模小、质量高，装备信息化武器装备体系，由新型军事人员构成，以信息力为作战力量的最重要的构成要素，适于打信息化战争的网络化、知识化、一体化武装集团。目前，军队信息化建设的内涵主要有六项：

在军事理论方面。要变革工业时代以机械化战争为核心的军事理论为信息时代以信息化战争为核心的军事理论。在这一方面，发达国家军队已取得很大进展，主要是：拓宽了国家安全的内涵：使军事战略像核武器问世后出现了"核化"趋势一样出现了"信息化"趋势；战争与作战理论已开始深度创新，有关新概念层出不穷等。

在军事技术方面。要积极开发和利用高技术特别是信息技术。当前，包括信息技术在内的各项高技术正在飞速发展，各国军方在积极利用民用信息技术的同时，正在大力开发军用信息技术，以便为进行装备信息化建设提供持续的技术支撑。

在武器装备方面。要把机械化武器装备体系逐步改造为信息化武器装备体系。世界各国军队尽管装备信息化建设的起步有早有晚，发展水平也很不平衡，但都走上了装备信息化建设之路。迄今，只有美国初步建成了比较完备的信息化武器装备体系。

在军事人才生成方面。要大力培养信息时代的新型军事人员。这些军事人员要有强烈的信息意识、丰富的信息知识和高超的信息技能，适于建设信息化军队和打信息化战争。

在军事组织体制方面。要考虑建立信息时代的信息化军队体制编制，以便使信息在军队内部和战场上快速、顺畅、有序地流动，以适应打信息化战争的要求。目前，美国等西方国家军队将重点放在解决如何变纵长形"树"状领导指挥体制为扁平形"网"状领导指挥体制；如何进行陆军的结构改革，使其适应高技术战争和信息化战争的要求，以及如何组建信息战攻防部（分）队等。

在后勤保障方面。要全力打造"数字化后勤"。西方发达国家军队已经全面启动"数字化后勤"建设。数字化后勤是以数字信息技术和系统为主要管理手段的可视化后勤，其基本内涵是后勤管理的数字化。即一方面要求管理信息数字化，另一方面要求管理系统和过程数字化。后勤管理数字化的基础是后勤和后勤管理的标准化、制度化和后勤管理数据库建设，关键是要建立开放的、实时的、面向部队的数字化后勤管理综合信息系统。

信息化士兵

信息化战争下的士兵除了装备传统的枪支弹药外，还要随身携带体积小、重量轻的综合电子信息设备。这种设备兼有个人无线通信功能、GPS 类型的导航定位功能、个人计算机及其网络功能、夜视功能、敌我识别功能、报警功能、对某些信息化弹药的发射指挥功能等等。这些士兵将穿戴具有自动适应温度调整、颜色调整功能的作训服装，在某些情况下还可能使用个人飞行器。

全副武装的信息化士兵

与只携带传统武器的士兵相比，这样的信息化士兵的战斗力有着质上的不同。信息化士兵既能接受高度集中的指挥，必要时能直接接受上级首长的指挥，又能按照上级的作战意图和自己所掌握的信息，高度自主地对敌人作战。

数字化军队

在高技术战争中，计算机数字化的图像系统在指挥系统里将扮演越来越重要的角色。各级指挥部的指挥手段全是数字计算机。每架战机或运输机上、坦克仓内、炮手位置上以及每个士兵的头盔上载有摄像机。帽子遮阳罩上装有数字图像荧屏。指挥部的命令通过数字计算机变成数字化图像迅速传递到多种武器装备和士兵们的数字化图像荧屏上，并随时进行跟踪。前线的作战情况、敌方的情况和自己军队的后勤保障情况都通过摄像机及时将数字化图像传递到各级指挥部。而且，友邻部队的情况也通过数字化图像系统相互随时传递、随时显示出来。这样整个战场的情况无论是各级指挥员，还是每个战士，无论是前方，还是后方都可以做到了如指掌。

数字化部队是指以计算机技术为支撑，以数字通信技术联网，使部队从单兵到各级指挥员，使各种战斗、战斗支援和战斗保障系统都具备战场信息的获取、传输及处理功能的部队。

在信息化战争时代，以数字化信息技术为核心，以精确制导武器为骨干的火力打击系统和以电子干扰设备为代表的电子对抗系统，已经成为军队生存与制胜的重要支柱。虽然作为一种新的战争形态，信息化战争还只是处在初期发展阶段，信息化军队与战场才刚刚起步，但许多国家已从过去的火力制胜的观念转到信息制胜的观念上来，用信息制胜的观念来进行军队建设和战争准备。

数字化部队的建设不仅使部队的指挥控制能力提高，结构精干，反应迅速；同时，也使整个战场上的信息系统能相互兼容，更加及时可靠，使诸兵种的联合与合成作战行动成为密切协调的整体，从而，能够赢得和保持战场指挥控制的主动权，更精确地使用作战力量，打赢战场时空范围广大、作战对象和规模不同的各种强度的陆战。

数字化部队是进行信息化战争的基础。

1993年时，时任美军参谋长联席会议主席戈登沙里文上将在对国会报告里提出：信息作战将成为美军以后20年内最高的作战目标和指导思想。从其手中诞生的美军第一支也是全球第一支数字化师，美军第4师的出现也将美国的武装力量从机械化作战完成了向信息化作战的一大延伸。

美国陆军战术实验所兵种协作技术主任威廉·哈巴德说："在利用高技术手段执行命令方面，我们取得了根本性和实质性的进展。它可以和30年代美国陆军采用履带式装甲车和无线电所带来的革命性变革相提并论。"

1997年3月,美国陆军在欧文堡国家训练中心进行了旅级规模的数字化部队试验演习,基本完成了数字化部队建设的概念论证和发展阶段,其着眼21世纪的陆军部队建设将在师以上部队逐步展开。在美国的带动下,德国、英国等北约国家军队和法国、以色列等军事强国也都陆续开始了陆军的数字化建设进程。

信息化作战平台

信息化作战平台是指装有大量电子信息设备,以信息和信息技术为核心的坦克、火炮、飞机、舰艇等武器载体。这些作战平台是自动化指挥系统的节点,是自动化指挥系统发挥打击威力的重要物质基础。发达国家的军队已经或准备多种信息化作战平台,如 M-1080 型智能坦克、RAH-66 "科曼奇"武装直升机、"联合先进技术"飞机等。

信息化作战平台的远程精确打击距离大大超过了操作人员的目视距离,并不受气候、地理条件的影响,其协同作战的规模、范围和精确性将大大超过非信息化作战平台所能达到的水平。

信息化作战平台还有足够的对抗敌方利用自己信息的能力,这就是有侦察、干扰、欺骗等功能的电子战设备,以及采用隐身技术措施等。

信息化下的军事指挥

机器人士兵实质上是一种无人的、具有一定信息获取和处理能力的杀伤火力载体,属于无人信息化作战平台的范围。机器人士兵与信息化士兵是两个根本不同的概念。随着电子信息技术的发展,一部分信息化作战平台将向无人信息化作战平台方向发展。在 21 世纪,人们有可能见到在某种战场环境下实战用的机器人哨兵、机器人工兵、机器人步兵，甚至无人智能坦克。到大量装备之时，必将引起作战样式的重大变化。

信息化作战平台的一个重要发展方向是隐身化、无人化。军事技术和武器装备的发展往往是相反相成的。现代高技术战争中侦察与反侦察的斗争越来越激烈，为了对付各种侦察的威胁，就是采取相应的反侦察措施和手段，让敌人"看不见"、"摸不着"。于是隐形技术和隐身武器装备应运而生。

隐身化就是运用材料、结构、电子、红外光学等隐形技术，减小雷达反射面积，降低红外辐射强度，减弱噪声、缩小目视探测距离，达到提高武器装备战场生存能力的目的。目前，隐身技术已被广泛应用于飞机、坦克、舰船等作战平台。第三代 B－2 轰炸机和 F－117A 战斗轰炸机的雷达反射面积只有 0.1 平方米。第四代隐身战斗机 F－22，具有全频谱隐身性能，雷达反射面积仅为 0.08 平方米。此外，隐身通信系统、人体隐身器、隐身军用机场等装备和设施也已研制成功。可以预见，隐身技术和隐身作战平台将给未来战场带来更加深远的影响。

太空化是信息化作战平台的又一个重要发展方向。随着信息化战争的到来，地球空间特别是太空的战略地位日益提高，航天飞机、载人飞船、空间站、卫星等空间平台的发展已经取得了突破性进展并广泛应用，为开辟太空战场奠定了基础。反导系统、反卫星武器的相继问世，必将把未来作战引向外层空间。这些新型作战平台将对航空航天一体化作战产生革命性影响。

··➡️·**知识点**

数据恢复

当存储介质出现损伤或由于人员误操作、操作系统本身故障所造成的数据看不见、无法读取、丢失。工程师通过特殊的手段读取却在正常状态下不可见、不可读、无法读的数据。现实中很多人不知道删除、格式化等硬盘操作丢失的数据可以恢复，以为删除、格式化以后数据就不存在了。事实上，上述简单操作后数据仍然存在于硬盘中，懂得数据恢复原理知识的人只需几下便可将消失的数据找回来，不要觉得不可思议，在了解数据在硬盘、优盘、软盘等介质上的存储原理后，你也可以亲自做一回魔术师。

信息战的利弊

尽管信息战主要是通过社会或军队的信息网络来实施的，但从根本上看，这种作战样式涉及的主要不是卫星、电缆和计算机，而是人，是人的信息系统和决策行动。信息战仍是一种心智战，掌握信息的优势只是取得胜利的一个因素，能否取得战争的彻底胜利，说到底还得取决于战争双方的政治、经济、民族文化传统等多方面的因素。而仅就信息领域来说，发达国家是否一定能够掌握住未来战争中的制信息权，已经开始引起人们的怀疑。

美国国防大学信息战专家马丁·利比基认为，敌军总是会找到办法使信息不受电子干扰。由于有微型计算机、移动电话和电视会议网络等的存在，敌军领导人能很容易地把指挥中心分散到许多地方去，使进攻者难以全部摧毁。同时，其他国家即使是不太发达的国家，也很容易研制出这样的武器来对付美国。美国未来学家阿尔文·托夫勒也说："这是很平等的，不只是大国和富国才能在信息战使用这种现代柔道术。这就是穷国追求信息战将比技术上先进的国家快得多的原因所在。"五角大楼前负责通信的权威领导人唐纳德·莱瑟姆在这方面也有相似的观点，他认为："这不需要大量资金。少数非常聪明的人以及计算机工作站和调制解调器就能危及生命，并给经济造成重大破坏。"

在拥有强大的技术经济能力的国家或群体内，可用信息战武器攻击的战略目标是不胜枚举的。如无线电远程通信与电话系统、天基探测器材、通信中继系统；帮助处理财政、金融和商业事务的自动化设备、电力系统；各种文化系统以及有关的所有硬件和软件等等。美国中央情报局起草的一份秘密情报的结论谈到，虽然目前还没有明显地对军队计算机设施的袭击，但外国情报机构已在刺探美国的计算机情报。五角大楼的专家认为，军队的计算机受外界的刺探每天约有 500 次，但其中只有 25 次被发现，而在被发现的 25 次中，也只有两三次能向负责安全的官员汇报。另外，研究五角大楼未来使命的一个外围委员会曾在一份报告中警告说，对手"甚至不用进入美国"就能破坏这些计算机。

信息战武器的发展以及发达国家对信息系统的日趋依赖不仅使其在未来信息战中没有过多的优势，而且也造就了信息战战场上一些新的参与者。这些新的信息战参与者的队伍在不断扩大，他们大多是非国家性的政治团体和人员，其中也包括那些恐怖分子。这些团体和人员很可能利用全世界联网的计算机和通信系统，在全球范围内交流信息，协调某些政治行动乃至针对信息系统实施信息战，以影响事态的发展。也就是说，传统的民族国家的军队或政府，不再是对发达国家如美国安全的仅有威胁，也不再是他们安全政治考虑的唯一对象，他们还不得不花费更多的精力来应付新的威胁。

和其他战争一样，信息战也是一把双刃剑，不仅可以危害别人，也可能伤了自己。

信息新技术与技术安全

XINXI XINJISHU YU JISHU ANQUAN

　　随着计算机技术的迅速发展，在计算机上处理的业务也由基于单机的数学运算、文件处理，基于简单连接的内部网络的内部业务处理、办公自动化等发展到基于复杂的内部网、企业外部网、全球互联网的企业级计算机处理系统和世界范围内的信息共享和业务处理。在系统处理能力提高的同时，系统的连接能力也在不断的提高。但在连接能力信息、流通能力提高的同时，基于各种信息或者信息新技术的安全问题也日益突出，这就要求我们在不断发展信息新技术的同时还要注重信息技术的安全，这就像每家每户的防火防盗问题一样，要做到防患于未然。甚至不会想到你自己也会成为目标的时候，威胁就已经出现了，一旦发生，常常措手不及，造成极大的损失。

遥感技术

　　遥感技术，就像人们用自己的五官来观察和识别各种物体一样，是以各种物体所具有的能辐射、反射电磁波的物理特性为基础，借助某些手段来探测物体的特性信息，然后通过信息处理中心，达到对物体的感知认识的。因此，遥感技术应包括三个组成部分。

一是能够感知远处物体的性质的设备，统称遥感仪。它的作用是接收物体辐射或反射过来的电磁波。

目前，遥感仪有多种，如航空摄影机，这是一般的可见光摄影机。如多光谱摄影扫描仪，它主要是扫描、接收紫外线、红外线等不可见光。

此外还有微波雷达，它可对一个目标发射微波，根据它反射回来的波进行主动性的跟踪遥感。以及微波、激光散射仪、夫琅和费谱线鉴别仪等先进的遥感仪。

工作中的遥感仪

二是要有一种运载工具，把遥感仪送到同被探测物体保持一定距离和角度的地点去，这就是遥感平台，即架设遥感仪器的平台。如用飞机作遥感平台，就是航空遥感。还可将遥感仪装在船上、车上，谓之地面遥感。使用最广泛的是采用人造卫星或宇宙飞船作遥感平台，叫航天遥感。一般所称的遥感就是指航天遥感。

三是识别设备，它处理和判读由遥感仪接收到的目标物信息特征。没有它，我们对目标物仍然是一无所知。这方面的识别设备主要由电子计算机、彩色合成仪、图像数字化仪器等组成。

遥感技术广泛用于军事侦察、导弹预警、军事测绘、海洋监视、气象观测和互剂侦检等。在民用方面，遥感技术广泛用于地球资源普查、植被分类、土地利用规划、农作物病虫害和作物产量调查、环境污染监测、海洋研制、地震监测等方面。

遥感技术总的发展趋势是：提高遥感器的分辨率和综合利用信息的能力，研制先进遥感器、信息传输和处理设备以实现遥感系统全天候工作和实时获取信息，以及增强遥感系统的抗干扰能力。

条形码技术

在超级市场或图书馆，常常看到收银员或管理员将商品或图书外包装上的条形码放在条形码阅读器上轻轻划过，电脑显示屏上就会立刻出现该商品或图书的名称、单价等等。这实际上是计算机联机系统通过条形码阅读器读入条形码数据，根据读入的数据在计算机数据库内检索相应信息，然后将结果显示出来的过程。

条形码是由一组宽度不同的直条和一串数字组成的，并且直条按"条"、"空"相间的形式整齐地排列着。在条形码中，条空组成条码，数字组成数字码。宽度不同的条、空，分别表示不同的字符，这些字符实际上包含了与该商品有关的一些信息，如其中有生产该商品的国家或地区代码、生产厂商代码、商品名称代码以及校验码等等。数字码与条码所包含的信息是相同的。在商品出售时，只要将条形码在条形码光电阅读器上扫描一下，计算机就会按厂商代码和商品代码在数据库中找到销售价格，并在库存中减去本次销售量，然后在收银机上显示品名、单价、

条形码机

数量、金额等等，并由票据打印机将这些内容打印在票据上。

为了便于条形码阅读器扫描阅读，条形码中的"条"采用光反射率较低的颜色，"空"则采用光反射率较高的颜色，"条"与"空"两种颜色往往对比鲜明，例如分别采用黑色与白色、蓝色与黄色、绿色与红色等等做"条"与"空"的颜色。

根据地区及应用范围，国际上已制定出若干种条形码标准，如通用产品代码 UPC、国际标准书号 ISBN 等。根据国际标准书号 ISBN 编制的书号码，前四位数字是国家或地区的代码，接着的三位是出版社的代码，接下来的五位是书号代码，最后一位是校验码。

根据欧洲商品编号 EAN 编制的商品码由 13 位数字码及对应的条码组成。我国也在 1991 年制订了国家标准 GB 12904 - 91，依据它所印制的通用商品条形码，其结构与 EAN 条码相同，开头三位数字代表国家或地区，接着四位是制造商的代码，后面五位为商品名称代码，最后一位是校验码。此外，常见的条形码还有二五条码、交错二五条码、三九条码、库德巴条码等等。

条形码是 20 世纪 60 年代美国 ABM 公司的工程师伍德兰研制出来的，用于计算机识别。当时他绝不会想到他发明的条形码，后来会得到这样广泛的应用。现在，邮局的挂号邮件、图书馆所藏书刊上都贴有条形码，提高了邮件处理或图书借还的速度。工厂的产品管理或仓库库存物品的管理采用了条形码技术，使工作效率明显提高。

条形码阅读器是专门读取条形码的一种机器，它有笔式、卡槽式、图像传感器式和激光式等几种样式，它们的发光光源有发光二极管、激光和其他光源形式，按工作方式可分为移动式和固定式两种。

笔式条形码阅读器以发光二极管为光源，是一种移动式（手持式）条形码阅读器。操作时只要将笔头有小口的一端对准条形码，与条形码成垂直方向做匀速直线运动，条形码信号便通过电缆进入计算机。

由光源发出的光，经透镜聚焦、反射镜反射，将光线照到条形码上，条形码上"空"的部分反射率高，"条"的部分反射率低。反射的光经透镜聚焦及光栅隔离，由光敏元件接收。由于"空"、"条"之间的反射光强度不同，在笔式条形码阅读器移动时，就得到一组高低不同的电子信号，再经译码装置转换成一组数字信号。如果笔式条形码阅读器移动得不均匀，则得到的信号就不准确。

卡槽式条形码阅读器与笔式条形码阅读器的工作原理是相同的。通常是将卡槽式阅读器安装在固定的位置上，例如安装在收银机的工作台上。在工作时只要将印有条形码的地方在卡槽阅读器头上划过，即可读取条形码信息。

图像传感器式和激光式条形码阅读器都不需要阅读器和条形码之间做相对运动，只要将条形码靠近阅读器，不必接触，就能可靠地读出条形码信息。但这两种装置价格比较昂贵。

条形码阅读器

条形码是实现现代化管理不可缺少的辅助手段，它常用于超级市场、医院、图书馆、书店及各种库房管理中。有了它，登录、结算都变得既快捷、又准确。

➡➡ 知识点

质量管理体系

质量管理体系标准定义为"在质量方面指挥和控制组织的管理体系"，通常包括制定质量方针、目标以及质量策划、质量控制、质量保证和质量改进等活动。实现质量管理的方针目标，有效地开展各项质量管理活动，必须建立相应的管理体系，这个体系就叫质量管理体系。它根据企业特点选用若干体系要素加以组合，加强从设计研制、生产、检验、销售、使用全过程的质量管理活动，并予以制度化、标准化，成为企业内部质量工作的要求和活动程序。

黑客与防火墙

防不胜防的"黑客"

提到网络安全，人们首先想到恐怕就是电脑"黑客"了。所谓电脑"黑客"，指的是那些凭借娴熟的电脑技术和破译密码的本领，非法侵入他人计算机系统窃取信息，甚至破坏各种计算机系统的人。我们将他们形象地比喻为蒙着神秘面纱，神出鬼没的现代电脑系统的"超级杀手"。

事实上，网络系统受到"黑客"的袭击，在美国和其他国家早已有之。1988年，一名"黑客"就袭击了美国芝加哥银行的网络系统。这名"黑客"通过电脑网络，修改了银行账目，把7000万美元的巨款转往国外，这给该银行造成巨大损失。无独有偶，1995年8月，一名"黑客"使用同样的手法从俄罗斯圣彼得堡的花旗银行偷走了40万美元。除了银行系统，军事网络系统也是"黑客"重点入侵的主要目标。早在民主德国和联邦德国合并之前，前联邦德国的几名学生利用电脑网络，破解了美军密码，并将窃取的美国军事机密卖给了前苏联的克格勃，此事曾令美国军方震惊不已。还有一位阿根廷男青年，利用家里的电脑，通过国际互联网络线路，进入到美军及其部署在其他国家机构的电脑系统中漫游了长达9个月的时间。这名青年说："我可以进入美国军方电脑网……可以到任何一个地方去漫游，也可以删除任何属性的信息。"直到1996年3月，这位"黑客"才被有关部门查获。令人吃惊的是，这名"黑客"只有21岁。

黑客侵入计算机的状态

1997 年，一名"黑客"侵入了美国佛罗里达州的警务应急系统，使应急警务和消防部队的瞬时响应功能受到严重干扰，损失惨重。

而在我国，"黑客"事件也多次发生。1998 年 6 月 15 日，上海破获首例案件，"黑客"先后多次攻击"上海市公共信息网"并登录成功，入侵了网络中的八台服务器，破译了多个网络工作人员和用户的密码与账号。这是上海警方破获的首例"黑客"案件。1998 年 9 月 22 日，工商银行镇江花三湾分理处被一对兄弟"黑客"内外勾结，利用无线电入侵方式，盗取人民币现金 26 万元。2006 年 10 月 16 日，25 岁的武汉新洲区人李俊编写了"熊猫烧香"病毒并在网上广泛传播，并且还以自己出售和由他人代卖的方式，在网络上将该病毒销售给 120 余人，非法获利 10 万余元。2007 年 2 月，湖北网监在浙江、山东、广西、天津、广东、四川、江西、云南、新疆、河南等地公安机关的配合下，将李俊抓获归案。这是我国破获的国内首例制作计算机病毒的大案。

因特网上日益增加的犯罪行为引起了人们的关注，许多案例已给企业、政府部门以至个人带来了不可挽回的损失。"黑客"们乱改他人档案资料，盗用他人密码和 IP 地址，非法收集 E－mail 地址，在网上传播病毒、散布谣言、传播色情内容、盗用他人信用卡购物……上述一切在我国都是明令禁止的违法犯罪行为。

在所有"黑客"中，最具威胁的是一伙能发现并攻击因特网缺陷的软件工程师。他们不断编写出功能强大的探测工具，去查找因特网中计算机系统的漏洞。一旦发现某个系统有漏洞，他们就会登录和控制这个系统。

"黑客"的出现，使人们对网络系统安全的信心产生了动摇。专门开发对付病毒方法的 S&S 国际公司的艾伦·所罗门认为："不论你上多少道锁，总会有人找到办法进去。"美国众院议长纽特·金里奇也曾在一次会议上指出："网络空间是一个人人都可进入的自由流动区——我们最好做好准备，以便应付我们做梦也想不到的对手在各个领域的发明创造力。"这说明，在未来信息领域的斗争中，网络"黑客"将是最可怕、最难对付的敌人之一。

有矛就有盾，难对付也要想办法对付。目前世界各国最常用的方法就是加装密码软件。这种软件是一种由 40 位信息量组成的程序，可分别为文本、图像、视频、音频等加密，使用简便，安全性强。但"道"高一尺，"魔"高一丈。自 1995 年 8 月以来，这种密码软件接二连三地数次被破译，甚至是新推出的更加安全的新一代软件，也仍被两名对密码学感兴趣的加州伯克利大学的研究生发现了其中的漏洞。目前，计算机网络的使用者们已经把对网络安全问题的关心提到了首位，迫切希望计算机硬件和软件公司能够开发出更加安全可靠的"密钥"，以使人们对网络的安全性达到信赖的程度。

进入 20 世纪 90 年代，随着网络"黑客"袭击案例的增多，美军在加强电脑网络防护能力、防止外来"黑客"入侵的同时，又在积极筹建"主动式黑客"部队，即组建一支类似"黑客"的"第一代电子计算机网络战士"。这些"网络战士"将以计算机为武器，用键盘来瘫痪敌人，操纵敌人的媒体，破坏敌人的财源，从而达到"不战而屈人之兵"的战争目的。

2008 年 3 月，美军战略司令部司令希尔顿在参议院听证会上透露，五角大楼已制定网络战相关方案。空军将领凯文·希尔顿表示，在网络空间这个独特的全球领域，"美国必须保持自由运作的能力。"美军高层人士认为，"电脑网络是自陆、海、空、太空之后第五作战领域，我们一定要掌握网络战争的主导权，而且出手必胜。这是事关美国能否继续保持超级大国地位的头等大事。"

2009 年 6 月 23 日，时任美国国防部长盖茨宣布正式创建网络战司令部。该司令部将对目前分散在美国各军种中的网络战指挥机构和力量进行整合，从而使美军具有强大的攻防兼备的网络战能力。

防火墙

过去很长一段时期里，房屋都是砖木结构甚至是茅屋。如果一家失火，四邻也会跟着遭殃，所以，为安全起见，古人就在自己居住地周围修筑高高的围墙，以阻挡外来的火势，保护自身的安全，这种墙就叫防火墙。

如今，网络系统不仅把系统内部的计算机紧密联系在一起，还进行网间连接。特别是因特网，它把世界各地的计算机系统都紧密地连接在一起。因此，如果不严加防卫，一旦网络受到敌方或"黑客"们的攻击，就会出现不堪设想的后果。

在互联网上，人们采用类似防火墙的方法，保护网络资源不受侵害。具有这种功能的设备就称为"防火墙"。防火墙是一种中间隔离系统，插在内部网与互联网之间，作为两者之间的阻塞关卡，起到加强安全与审计的功能。

建立防火墙的目的是保护自己的网络不受外来攻击，为此需要确定哪些类型的信息允许通过防火墙，而哪些不允许通过，这就是"防火墙安全策略问题"。

目前主要有两种截然不同的安全策略：一种是拒绝一切未被特许的东西进入内部网；另一种是允许一切未被拒绝的东西进入。从网络安全性的角度来看，前者严格，它的意思就是：除了被确认是可信任的信息外，其他都不允许进来，但这样可能影响互联性；而后者宽松，它的意思就是：除了被确认是不可信任的信息来源以外都可以进内部网络，这有利于信息交互，但可能存在安全隐患。

采用哪种安全策略的防火墙，取决于网络自身条件和环境。要在对自己网络进行安全分析、风险评估和商业需求分析基础上确定安全策略，采用相应的防火墙。

但是，防火墙和实际生活中采取的各种消

防火墙示意图

防措施一样，只能最大限度地减少灾害，而不能消灭灾害。近来，因特网上的"黑客"攻击程序大量出现，这些"黑客"攻击程序以正常文件为载体，以病毒方式传播，突破了防火墙系统针对"黑客"攻击程序采取的防卫措施，巧妙地潜入并隐蔽在系统内部，开设后门，与外部"黑客"进行"里应外合"。之所以产生这种情况，是因为网络防火墙技术有一定的局限性。

当前的防火墙技术的局限性主要表现为：

1. 由于防火墙对信息流进行过滤的基本依据是网络主机的源地址和目的

地址，而这种主机地址比较容易伪造，且如果同一地址中有多个用户，防火墙也无法进行区分。

2．由于防火墙只对地址进行判别，没有双向身份鉴别，因而给伪造服务器提供机会。

3．防火墙对访问的控制是粗略的，不能管理信息流的传输进程。

4．防火墙的物理结构是防外不防内的，它不能防止来自内部的攻击，对进了网的用户的操作和访问缺乏审计能力。

因此，要更好地保证网络安全，除不断改进防火墙技术外，还要使用各种加密技术、身份鉴别技术，注重认证和授权，并加强管理，才能使网络系统有一个良好的安全的环境，确保本系统的信息财富不遭盗窃和破坏。

知识点

逻辑炸弹

逻辑炸弹是一种程序，或任何部分的程序，这是冬眠，直到一个具体作品的程序逻辑被激活而打乱所有的程序，造成程序的瘫痪并出现物理损坏。因为它的影响像突爆的炸弹，因此有了此名。"逻辑炸弹"引发时的症状与某些病毒的作用结果相似，并会对社会引发连带性的灾难。与病毒相比，它强调破坏作用本身，而实施破坏的程序不具有传染性。在这样一个逻辑炸弹是非常类似的一个真实世界的地雷。最常见的激活一个逻辑炸弹是一个日期。该逻辑炸弹检查系统日期，并没有什么，直到预先编程的日期和时间是达成共识。在这一点上，逻辑炸弹被激活并执行它的代码。

密码技术与信息安全

自古以来，人们就千方百计保护与自己或国家、团体利益相关的重要信息，如果这些信息需要传递或在某种场合露面，则常常预先将它们编成密码，建立密码体制。密码体制就是一种按某种算法将信息进行伪装的技术。采用密码体制对信息"改头换面"后，任何未经授权者就无法了解其内容。

早在公元前 5 世纪，斯巴达人就曾采用一种称为"天书"的方法，来秘密传送情报。他们将羊皮条缠在柱子上，自上而下地书写情报，写完后把羊皮条解开，人们看到的是一条互不连贯的字母串。只有找到和原柱大小相同的柱子，把羊皮缠上去，才能将字母对准，从而正确读出原文。由此可见，只有了解"约定"（即柱子的大小）的人，才能解开密码，了解情报的内容。

希伯来圣经中有几段语句也用了一种叫做"逆序互代"的加密方法，即将某段文字中的第一个字母与倒数第二个字母互换……以此来变形文字，达到不为常人理解的目的。

要对加过密的信息进行解密，必须依靠密钥。在"天书"这个例子中，密钥是柱子的直径大小；在"逆序互代"这个例子中，密钥是加密段的起始位置、段长等。这种选定的对信息加密的方法就是一种算法，加密者通过算法将明文译成密文，得到密钥的信息的合法接收者能从密文中解出明文。

有效的密码体制能做到两点：一是使信息能被接收一方正确接收到；二是使信息在传递过程中不泄漏出去。这种密码体制能起到保护信息安全的作用。

知识点

网络安全

网络安全是指网络系统的硬件、软件及其系统中的数据受到保护，不因偶然的或者恶意的原因而遭受到破坏、更改、泄露，系统连续可靠正常地运行，网络服务不中断。网络安全从其本质上来讲就是网络上的信息安全。从广义来说，凡是涉及网络上信息的保密性、完整性、可用性、真实性和可控性的相关技术和理论都是网络安全的研究领域。网络安全是一门涉及计算机科学、网络技术、通信技术、密码技术、信息安全技术、应用数学、数论、信息论等多种学科的综合性学科。

加密的电视节目

我们在收看有线电视台播出的节目时，会发现有几个频道能听到声音，却看不清画面，这便是加密频道。有线电视台在播放加密频道的内容时，采用了加密方法，使一般有线电视台用户只能听到节目的声音，却看不到清晰的画面。只有安装了专门收看加密频道的设备——解密器后，用户才能正常地收看节目。

这种加密，通常只包含对画面的干扰，其原理并不太复杂。打个比方说，假如手上有一张图片，可用两种方法将画面"打乱"。第一种方法，将图片按水平方向均匀地剪成几十条，将各条图像的起点错开或上下颠倒，再重新排列。这种方法叫时序错位。另一种方法，同样将图片按水平方向均匀地剪成几十条，在各条图片上分别盖贴不同颜色的彩色透明纸。这种方法叫彩色错位。用这两种方法得到的画面和原画面相比已面目全非了。有线电视台对节目采取的加密方法与此类似。我们知道，普通电视机每帧图像是分320多行进行

解密器

扫描的，如果对这320多行进行"时序错位"或"彩色错位"，则观众肯定无法收看节目。

由于解密器"掌握"解错位的"密码"，所以安装了解密器后，电视画面就能恢复原形。每个专门的解密器都有一个机器口令，有线电视台对每个解密器的口令均有记录，并使用专用仪器不断地搜索口令，保证合法用户的权益，杜绝非法解密器的使用。

加设密码的语言

人类用以表达和传递信息的语言，除口授外，大多以文字和图表形式出现在书籍、报刊、杂志、信件、文章、通知、签字中，也有通过电话、电报、传真、广播、电视等通信传播工具，间接地表达、传递。其中有些语言信息涉及机密，如军事和政治经济情报的口令、命令、计划、文告等内部消息。这些信息在传递过程中往往需要加密。

对语言信息加密，要使用暗语。只要双方事先秘密约定，寓明语于暗语中，显暗隐明，在一定的时间和地点内，能对明语保密。常用的暗语密约方法有：

1. 字符式暗语：将某个数字、符号或字母，代替明语中某个文字或字母。例如：用数字"A"代替"电"，用数字"B"代替"脑"，暗语"AB"就代表明语"电脑"。

2. 转置式暗语：改变明语中文字或字母的前后左右次序。例如：将明语"通信卫星"，编成暗语"信通星卫"。

3. 分置式暗语：在明语中的文字与文字间加进了其他文字或符号。例如：在"航空母舰"中加进"西红柿"，编成暗语"航西空红母柿舰"。

4. 隐文式暗语：将明语隐匿在不相干的字或句中。例如：明语"卫星"，编成暗语"卫夫人夜观星空"。

暗语的编制方法还有很多，甚至音乐、实物、手势、舞蹈形体、少数民族土语等，都能用来编制暗语。

至于在电话、电报、传真和广播电视等通信传播工具中对语言和图像信息加密，就要使用保密器了。它能对语言或图像信息转换成的电信号，采取扰乱其特征的方法进行加密，起到保密的效果。

▶▶▶ 知识点

系统崩溃

系统崩溃是由操作失误或病毒恶意软件入侵导致电脑无法正常运作，频繁死机等症状叫做系统崩溃。由软件造成的崩溃即使是性能最好的 PC 硬件也离不开软件的支持——也就是通常所说的应用程序、操作系统以及驱动程序。如今的软件是越来越复杂、越来越庞大。由系统本身造成的崩溃即使是最简单的操作，比如关闭系统或者是对 BIOS 进行升级都可能会对 PC 的操作系统造成一定的影响。

电话的保密技术

日常生活中，电话是人们相互联系不可缺少的通信工具。有时候我们不希望自己的通话被别人窃听，于是，对通信信息加密的保密电话就派上用场了。

我们现在使用的电话，按照通信信息在线路中的传输方法，可以分为模拟电话和数字电话两大类。

使用模拟电话时，电话机上的话筒，先将声音信号转变成电信号，通过线路和电话局交换机转接，传送到对方后，再在对方的电话机听筒中，还原成声音信号放送出来，从而构成双向电话通信。在线路中传送的电信号有幅度和频率两个主要特征。发话人声音的音量，能使电信号的幅度发生变化，而发话人声音的音调，能使电信号频率发生变化。由此可见，模拟电话在线路中传送的是一种模拟声音信号变化的电信号。电信号仿佛是声音信号的"影子"。窃密者只要设法得到这种电信号，就能很容易地让这种电信号在耳机或扬声器中变成声音信号放送出来，使通信内容泄密。

如果在电话通话时使用保密器，就能对通信信息加密。保密器能改变模拟电信号的特征，按与对方预先规定的密约，将电信号原来的高频率改变成低频率，将原来的低频率改变成高频率，甚至可将整段电信号分割成若干小段，分别进行颠倒，使电信号的特征发生"混乱"。这种完全走了样的电信号在线路中传送时，即使被窃听者获取，在耳机或扬声器中放送出来的也是一种严重失真的面目全非的声音。这样就起到了保密的作用。当然，对正常的接收来说，保密器会按预先规定的密约，将颠倒弄乱的电信号的特征"拨乱反正"，使其还原成原来的模样，就能放送出清晰的声音信号了。

至于数字电话，它在线路中传送的是由"0"和"1"两个数字组合形成的电信号，这种电信号在技术上叫信码，本身具有较高的保密性。为了密上加密，就将信码的组合搞乱，越乱越好。在接收时，再按事先规定的密约，将搞乱了的信码还原，这样就能正常通信了。因为数字电话在线路中传送的是一种已被搞乱了的信码，即使被窃听，一时也很难破译，起到了保密的效果。

随着电子技术的进步，加密技术会更加先进，电话的保密性将越来越好。